Guidance and Counselling

生活指導 すきまスキル 72

小学校高学年 4〜6年

堀　裕嗣
大野　睦仁　編著

明治図書

まえがき

　再び，こんにちは。堀裕嗣です。

　「学級経営すきまスキル」に続いて，「生徒指導・生活指導すきまスキル」の刊行です。これまた，小学校低学年版・高学年版・中学校版を編集させていただくことになりました。今回もまた，宇野弘恵・大野睦仁・山下幸の三氏に編集のご協力をいただきました。心強い三氏です。

　本シリーズの最も大きな特徴は，それぞれのスキルの解説が「ハード編」「ソフト編」の二つに分かれているところです。少なくとも僕らはそう思っています。本書ではこの「ハード」と「ソフト」の書き分けが，前著の「学級経営……」よりもわかりやすいとも感じています。

　生徒指導・生活指導ならば，「ハード」は生徒指導的になりますし，「ソフト」は教育相談的になります。前者は厳しい指導で，後者は優しい指導と言っても良いでしょうし，前者は教師主導の指導で，後者は子ども主体の指導であると言い換えても良いでしょう。少し難しい言葉を使うなら，前者は「規律訓練型」の指導と言えますし，後者は「環境管理型」の指導と言えます。もちろん，学校教育の具体的な指導ですから，完全にどちらかに分けるなんてことはできません。その意味ではこの段落に多用した「的」とか「型」とかという接尾語が絶対にはずせません。

　時代は来たるべき道徳の教科化，アクティブ・ラーニング，そして「深い学び」にまっしぐらです。学校現場もそ

まえがき

のための教育課程の整備に大忙しです。しかし，そういうときこそ，実は子どもたちが置いてけぼりになる。そんな印象があります。新学力観のときも，ゆとり教育のときもそうでした。「心の教育」のときも，「学力向上路線」のときもそうでした。長年この仕事をやっていると，その矛盾に心が痛みます。どんな理想の教育が語られようとも，どんな時代にあっても，子どもたちにとっては学校は「生活」の場であって，「理想を実現する」場ではないわけですから。

　教師が理想を追わなければならないときほど，そう焦らなければならないときほど，子どもの実態と乖離しないように自らを戒めなければならない，時代に流され翻弄されるだけの自分にならないように足下に目を向けなければならない。そんなふうに思います。

　生徒指導・生活指導はまさに，そんな学校現場の足下を対象としています。子どもたちが学校生活を送るうえで最低限必要なこと，時代が変わっても生活をするうえで出てこざるを得ない現象，教育課程が変わっても必ず存在する学校定番の行事で起こり得るトラブル，そんなことを対象としています。これらをうまく裁けない，これらをうまく機能させられない，そんな教師の現実が「理想の教育」の足を引っ張ります。そんなことにならないために，少しでも力になれば……。そう思って生徒指導・生活指導の「すきま」を集めてみました。みなさまの教師生活に少しでも役立つなら，それは望外の幸甚です。　　　　　堀　　裕嗣

contents

まえがき　2

第1章 「手のかかる子・幼稚な子」 指導スキル32

【本書の構成】

本書はそれぞれのテーマについて,
ハード編：教師主導の「規律訓練型」の指導技術
ソフト編：子ども主体の「環境管理型」の指導技術
という形で，2つのポイントとなる視点から分けてまとめています。
あわせて読んでいただき，ご活用いただければ幸いです。

1　友人関係を把握する／ハード編 ……… 8
2　友人関係を把握する／ソフト編 ……… 10
3　学級への所属感を把握する／ハード編 … 12
4　学級への所属感を把握する／ソフト編 … 14
5　担任への信頼度を把握する／ハード編 … 16
6　担任への信頼度を把握する／ソフト編 … 18
7　嘘をつく，ごまかす子／ハード編 ……20
8　嘘をつく，ごまかす子／ソフト編 ……22
9　見た目を気にする子／ハード編 ………24
10　見た目を気にする子／ソフト編 ………26
11　異性が気になる子／ハード編 …………28
12　異性が気になる子／ソフト編 …………30
13　不要物を持ってくる子／ハード編 ……32
14　不要物を持ってくる子／ソフト編 ……34
15　勝ち負けを気にする子／ハード編 ……36
16　勝ち負けを気にする子／ソフト編 ……38
17　勝手に進めてしまう子／ハード編 ……40

contents

- 18 勝手に進めてしまう子／ソフト編 ……42
- 19 コミュニケーションをとらない子／ハード編 …44
- 20 コミュニケーションをとらない子／ソフト編 …46
- 21 担任に反抗的な態度をとる子／ハード編 …48
- 22 担任に反抗的な態度をとる子／ソフト編 …50
- 23 家と学校での様子が違う子／ハード編 …52
- 24 家と学校での様子が違う子／ソフト編 …54
- 25 担任と友だちの前で様子が違う子／ハード編 …56
- 26 担任と友だちの前で様子が違う子／ソフト編 …58
- 27 相手によって態度を変える子／ハード編 …60
- 28 相手によって態度を変える子／ソフト編 …62
- 29 他のクラスの友だちを優先する子／ハード編 …64
- 30 他のクラスの友だちを優先する子／ソフト編 …66
- 31 悪口・陰口を言う子／ハード編 ………68
- 32 悪口・陰口を言う子／ソフト編 ………70

第2章 「気になる子・やんちゃな子」 指導スキル24

- 1 親子関係を把握する／ハード編 ………74
- 2 親子関係を把握する／ソフト編 ………76
- 3 成育歴を把握する／ハード編 …………78
- 4 成育歴を把握する／ソフト編 …………80
- 5 前学年までのことを把握する／ハード編 …82
- 6 前学年までのことを把握する／ソフト編 …84
- 7 コミュニケーションがとれない子／ハード編 …86
- 8 コミュニケーションがとれない子／ソフト編 …88
- 9 登校しぶりの子／ハード編 ……………90
- 10 登校しぶりの子／ソフト編 ……………92
- 11 恥ずかしがる・表現できない子／ハード編 …94
- 12 恥ずかしがる・表現できない子／ソフト編 …96
- 13 自信がもてない・一人で動けない子／ハード編 …98

14 自信がもてない・一人で動けない子／ソフト編 … 100
15 生活リズムが良くない子／ハード編 … 102
16 生活リズムが良くない子／ソフト編 … 104
17 整理整頓ができない子／ハード編 … 106
18 整理整頓ができない子／ソフト編 … 108
19 動作が遅い子／ハード編 ……………… 110
20 動作が遅い子／ソフト編 ……………… 112
21 じっとしていられない子／ハード編 … 114
22 じっとしていられない子／ソフト編 … 116
23 不安の強い子／ハード編 ……………… 118
24 不安の強い子／ソフト編 ……………… 120

第3章 「学習規律・生活規律」 指導スキル16

1 行事への意欲を高める／ハード編 … 124
2 行事への意欲を高める／ソフト編 … 126
3 校外での歩き方・並び方／ハード編 … 128
4 校外での歩き方・並び方／ソフト編 … 130
5 整列の仕方・点呼の仕方／ハード編 … 132
6 整列の仕方・点呼の仕方／ソフト編 … 134
7 公共マナーを教える／ハード編 ……… 136
8 公共マナーを教える／ソフト編 ……… 138
9 グループのつくり方／ハード編 ……… 140
10 グループのつくり方／ソフト編 ……… 142
11 係の決め方／ハード編 ………………… 144
12 係の決め方／ソフト編 ………………… 146
13 バス・列車の座席を決める／ハード編 … 148
14 バス・列車の座席を決める／ソフト編 … 150
15 部屋割りを決める／ハード編 ………… 152
16 部屋割りを決める／ソフト編 ………… 154

あとがき　156

「手のかかる子・幼稚な子」
指導スキル32

第1章● 「手のかかる子・幼稚な子」 指導スキル32

1 友人関係を把握する ハード編

　子どもたちにとって，友人関係は学校生活を左右する大きな要素の一つです。友だちの存在に支えられ，苦手なことにも前向きに取り組むことができます。一方で，友人関係が不安定だと，どんなに好きなことでも楽しむことが難しくなります。

学年が上がるほどわかりづらい

　友人関係を把握することは，子ども一人ひとりの学校生活の充実につながります。しかし，高学年になると，その関係は複雑化し，周囲から把握することが難しくなります。

傾向と対策

1 「素」の時間に把握する

　なかなか表に出ない友人関係も，熱中したり，気持ちが解放されたりすると見えやすくなります。学校生活で言えば，まずは休み時間です。誰と，どこで，何をして遊んでいたのか。そのときの様子はどうだったかを把握します。

　いつも通り，気兼ねなく過ごしているのか。それとも，相手の様子をうかがったり自己主張が少なかったりしているのか。そのときの様子から，友人関係の一部を感じ取ることができます。

2 「選択できる」時間に把握する

例えば，係活動や委員会活動など，子ども本人が所属先を選択する場面があります。このときにも友人関係を把握するチャンスがあります。

いつも一緒にいる友だちと，どれにするか相談するグループは，仲が良いですが依存している関係があり，少しのトラブルで仲違いする可能性もあります。逆に，非常に仲が良くても，お互いがやりたいことを尊重しているグループは，信頼関係が成立していると言えます。

3 「久しぶり」の出会いで把握する

長期休業明けの始業式。久しぶりに登校したときにも，友人関係を把握することができます。それまでの友人関係から変化することがあるからです。長期休業中は，各家庭で過ごし方が違います。この期間にたくさん過ごしたり，一緒に出かけたりすることで，友人関係が急接近します。逆にあまり会えなかった友だちとの間に，微妙な距離感が出ることもあります。休業前と比較しながら変化を把握します。

4 把握するには計画性を

友人関係を把握するためには，全体を見ていても浅い把握になってしまいます。「今日は西村さんを見ていよう」「あの二人，最近どうだろう」と，把握したい子どもを順に見ます。実態に合わせながら，計画を立てて把握していきます。

（西村　弦）

第1章● 「手のかかる子・幼稚な子」 指導スキル32

友人関係を把握する ソフト編

　高学年では，グループができたり他者への意識が強まったり，友人関係で悩むことが多くなってきます。そこから生まれる不安や不満がマイナスの言動につながってしまうと，相手を傷つけてしまうことがあります。

問題が起きる前に

　そのような問題行動が発覚したときには，すでに友人関係に大きな捻じれが生じている可能性があります。ですから，日常的に友人関係を把握したり，お互いを認め合う機会を計画的に設定したりする必要があります。

傾向と対策

1 定期的なミニ面談

　1か月に1度，一人ひとりと個人面談をします。次の頁のような簡単なアンケートを実施します。そのアンケートをもとに，面談を進めます。前回と変化がある子どもや，マイナス要素がある子どもを優先します。ただし，初回は一人5分程度です。登校してから朝の会までの時間や，給食の前後，帰りの会の後など，すきま時間を活用します。もちろんそのような時間にも，様々な仕事があるでしょう。しかし，この5分の面談で友人関係を把握することは，未

第1章 「手のかかる子・幼稚な子」 指導スキル32

○月振り返りアンケート

1．最近楽しいことは何ですか？
2．最近一緒にいて楽しい人は誰ですか？
3．最近うまくいかなかったり，困ったりしていることはありますか？

然に問題行動を防止することになります。問題行動への対応に追われる時間と比べれば，この5分は，子どもにとっても教師にとってもプラスになるはずです。

特にマイナス要素がなかった子どもも含め，全員と実施します。何もないときに話すことが，小さな変化に気づくチャンスにもなります。また，教師と二人で話す時間を保障することで，安心感にもつながります。

ただ，高学年になればなるほど，質問紙や面談だけではわからない友人関係もあります。あくまで把握する手段の「一つ」として取り組むスタンスも必要です。

2　良さを見つめ合う活動

全員との面談が終わる頃，学活や道徳の時間で，学級全体を振り返ります。面談結果から見えてきた成長と課題を共有し，これからの過ごし方について具体的な手立てを考えます。

友だちの成長や課題を知ることで，さらに自分の友人関係を見つめ直す機会をつくることができます。

（西村　弦）

第1章● 「手のかかる子・幼稚な子」 指導スキル32

学級への所属感を把握する

　子どもたち一人ひとりに学級への所属感を感じさせることは学級経営において大切な要素の一つです。

　子どもたちが，このクラスの一員として同じ方向を向いているという実感があるか，そして，このクラスの役に立っていることを実感できているかということを把握することが担任として必要です。

　そのために，学級全体で所属感が高まるような取り組みを意図的・計画的に行う中で，子どもたちが所属感を感じているかを把握していきます。

学級全体での意図的・計画的な取り組み

　自分がクラスの一員となっていることを実感するために，学級全体で目指すものが共有され，その目標に向かっていることが必要です。

　また，自分の役割が明確になっていて，自分がクラスのためになる行動をしていることを自覚できていることが望ましいです。

　全員が共通の目標をもてる取り組みや，自分の役割が明確な活動を計画的に行います。振り返る時間を大事にし，そこから所属感を把握し，次の活動へ生かします。

第1章 「手のかかる子・幼稚な子」 指導スキル32

 傾向と対策

1 共通課題の達成度の振り返り

　学級の一員として学級目標のような共通の課題に向かっていくことで所属感は高まります。つまり，その課題に向かってどの程度達成できたのかを個々に振り返らせることで，一人ひとりの学級への所属感が把握しやすくなります。

　そのため，年度初めの学級目標だけでなく，運動会や学習発表会，卒業式などの学校行事ごとに，共通の課題を設定して取り組んでいきます。これにより，年間を通して，子どもたちの学級への所属感を把握できるようにしておくのです。

　振り返らせるときには，達成度を点数化して客観的に振り返ったり，作文で言語化したりします。子どもたちの実態や課題に合わせて振り返らせます。

　また，学級目標は毎月末，行事では取り組む前・練習中・終わってからの3回，というように，子どもたちも定期的に見通しをもてるような振り返りの設定が必要です。

2 当番活動・係活動の「見える化」による把握

　自分の役割を自覚しながら当番活動や係活動に取り組むことにより，所属感を実感します。その際，活動していることが意図的に目に見える形で示され，自他共に認識されていることで，互いに「自分が学級の役に立っている」という，学級への所属感を確かめ合うことができ，担任も把握することができます。

（齋藤　知尋）

第1章● 「手のかかる子・幼稚な子」 指導スキル32

4 学級への所属感を把握する

ソフト編

みんなで取り組もうとしたことに対して，消極的になってしまったり，ほとんどの子が同じ方向を向いていても十分に乗り切れなかったりする子がいます。このような学級への所属感を十分に感じることができない子について把握することが必要です。

所属感を十分に感じることができない要因

自己肯定感が低く，「自分はどうせできていない」と思ってしまったり，集団で活動することへの抵抗感があったりします。本心はそうでなくても，素直に表すことができずに，自分の思いとは反対の態度をとってしまう，ということも考えられます。

このような子たちでも，所属感が高まるような場面をつくり出すということが，個々の所属感を把握することにつながっていきます。

傾向と対策

1 活躍の場を設定し，所属感を把握する

その子が活躍できる場面を意図的に設定して，所属感の高まりを把握します。

例えば，何かを運んだり，移動したりといった些細なこ

とで構いません。特別に何かの役に立っている事実をつくります。

そのときの表情や言動などを把握し、効果的であれば、そのような機会を増やしていきます。

2 言葉かけに対する反応を把握する

所属感が高まるような言葉かけを増やします。そのときの反応を把握します。

①感謝の言葉かけを通した把握

級友の言動に対して感謝の言葉を述べる機会を意識的に増やします。級友への感謝の思いを紙に書いて渡す「ありがとうカード」も方法の一つです。その中で所属感が高まっているかを、取り組みの様子や表情、コメントを通して把握します。継続的に行うことで、所属感の高まりが一時的なものがどうかを把握することもできます。

②コーチングの言葉かけを通した把握

コーチングの手法を使います。

「もっとできるようにするならどうしたらいい？」

「AとBのどっちだったらやってみたい？」

「だいじょうぶ、〜さんならできるよ」

というように、聞き方や励まし方を工夫し、意欲を引き出せるような声かけを行い、所属感の高まりを把握します。

そういった言葉かけをしても前向きな言動が出てこない子を把握し、個別の支援計画を立てます。

（齋藤　知尋）

第1章● 「手のかかる子・幼稚な子」 指導スキル32

5 担任への信頼度を把握する

ハード編

　第二次性徴が始まる高学年は、体の特徴的な変化だけではなく、心にも大きな変化が起きてきます。教師の言うことを素直に聞くことの多い低学年とは違い、心が不安定になり、苛立ちにも似た感情も出てきます。そのため、担任への信頼度は簡単には判断できず、難しいことがあります。

子どもたちに見られている意識をもつ

　子どもたちが担任から離れているのに気づかずに、フレンドリーに話しかけたり、漫才のツッコミのような関わりをしたりしても、溝はどんどん深まっていくばかりです。子どもたちは、この先生は言葉だけなのか、それとも心の底から自分たちのことを考えてくれているのかを常に見分けようとしています。

傾向と対策

1 担任に対しての距離感を見取る

　子どもにとっての基本的な「信頼感」は、この人なら味方になってくれる、と信じることができるかという感覚です。その感覚が子どもの中に芽生えたときは、担任との「距離が近くなる」という傾向があります。

　休み時間や放課後に、積極的に話しかけに近寄って来る

子どもはその典型です。その回数の多さや表情，担任に触れるかどうかも信頼度を把握する判断材料になります。

では，近づいて来ない子は担任を信頼していないのかというと，そうではありません。交換ノートや手紙のやり取りをすると，担任の質問に誠実に答えていたり，自分の思いをたくさん書いていたりすることもあります。

このように，物理的にも心理的にも担任との距離が近くなっているかを見取ることが，信頼感を把握するポイントとなります。

2 気配り・目配り・心配りを見取る

子どもが，頼んだことを積極的にやり遂げる，あるいは意図を汲み取ってそれ以上のことをしてくれることがあります。教室内でそのような行動や言動が見られるときは，信頼度が高いといえるでしょう。逆に，反抗したり指示とは違うことをしたりする子もいます。目立たない子や自分からは動けない子もいると思います。そういった子は担任を信頼していないかというと，そうでもありません。指示通りにノート作りをしていませんか。掃除や当番活動で素早く動こうとしてはいませんか。このようなところからも，信頼度は把握できます。

教室の中では，担任が目指しているところに向かっていこうとする姿勢や結果がどこかに見えるはずです。その姿勢や結果を担任への信頼度を把握する手立てとして，継続して見取っていきます。

（山口　淳一）

第1章●「手のかかる子・幼稚な子」 指導スキル32

6 担任への信頼度を把握する

ソフト編

　子どもたちとの信頼関係に基づいた学級をつくりたいと思う人は多いはずです。しかし，思春期の入り口にある高学年ともなれば，信頼関係をすぐに築くことはなかなか難しくなります。「高学年はこうあるべき」という考えだけで叱咤激励しても，なかなか信頼度は高まりません。

目の届かないところでは何をしているか

　子どもたちにとって，学校生活は強制している面が多いです。好きではないことを強制的にやらされると，子どもたちの心は離れていってしまいます。担任として，「価値ある強制」として無理難題を課してしまい，教室内では子どもたちも，それに沿って行動しているかのように感じることがあります。しかし，担任の目が届かないところでどのようなことをしているかは，信頼度に関わる重要なことです。

傾向と対策

1 保護者からの情報を得る

　思春期に入ってきた子は親の言うこともなかなか聞かないといわれます。とはいえ，保護者がもっている考えや意見の影響は，子どもにとって大きいのも事実です。

第1章 「手のかかる子・幼稚な子」 指導スキル32

子どもたちに「先生，お母さんが『家庭学習はなんで毎日だすの？』と言っていました」など，学級経営上の疑問を伝えられることがあります。また，子どもに対する叱り方や注意の仕方で保護者から連絡をいただくこともあります。こういう場合は，注意が必要です。担任がやろうとしていることが，子どもにしっかりと伝わっていない可能性があるからです。つまり，担任への信頼度が低いため，担任の意図が伝わらず，前向きな意欲がもてなかったり，素直に反省できなかったりするのです。

保護者の顔色をうかがうわけではありませんが，保護者からのサインを見逃さないことはとても重要なことです。

2 全職員の方たちからの情報を得る

養護教諭や事務職員，用務員さんや給食配膳員さんなど，学校にはたくさんの人がいて，子どもたちの姿を見ている目がたくさんあります。そして，実は，担任の目がないところでの行動や言動には，その子の素の姿が表れることがあります。委員会活動やクラブ活動でどんなことをしていたのか，休み時間の過ごし方はどうかなど，こまめに情報を入手しておく必要があります。

例えば，委員会活動の中でも学級の約束事を守ろうとして行動していたこと，元の担任や養護教諭に今の学級や担任の愚痴をこぼしていたこと，廊下や体育館での行動・言動などの情報を手に入れることは，信頼度を把握していく上で大きなことです。学級の中だけではなく，学校全体で信頼度を把握するという意識が大切です。　　（山口　淳一）

第1章● 「手のかかる子・幼稚な子」 指導スキル32

7 嘘をつく，ごまかす子

　嘘をつく理由としては，主に「自分を守るため」「誰かの気を引くため」の２つが考えられます。意識的また無意識的に自分の身を守ろうとする言動だと言えますが，"許される範囲を超えたもの"については，機を逃さず指導を重ねる必要があります。

許される範囲を超えたもの…とは

　相手に迷惑をかけているか否かです。"他人に迷惑をかける"嘘・ごまかしは，この教室では許されないということを示し続けます。

傾向と対策

1 自分を守ろうとする嘘・ごまかしへの対応

（1）やり忘れたことなどをごまかす

　提出忘れ・仕事のやり忘れ・誰かへの伝え忘れ等について「いえ，自分はちゃんとやりました」と，ごまかします。このような子どもには，目を見据え，"ミスをしたこと"より"ごまかすこと"の方が，相手からの信用を大きく失うことを伝えます。教師や大人も忘れたり失敗したりすることがあることを話しながら，自分の非は素直に認め，正していくことの大切さを根気強く指導します。

（2）生徒指導上の問題行動・過ちを認めない

　ルール違反をした・何かを壊した・物を盗った等の問題行動に対して，「やっていません」「知りません」と，嘘をつき通そうとします。このような場合は，時系列に沿って徹底的に事実を洗い出し，関係児童からの証言等を整理します。その中で，自分がしたことと，客観的に向き合うようにし，正直に認める気持ちへ導きます。ただし，事実をすべて照合できなかった場合，嘘だと決めつけることはできません。細心の注意が必要です。

　また，複数で嘘をついている可能性がある場合は，必ず一人ずつ個別に指導します。担任一人で何とかしようとはせずに，学年団や職員チームで対応することが大切です。

2　誰かの気を引こうとする嘘・ごまかしへの対応

　一方で，自分に興味関心を向けてほしいために「具合が悪くて…」「誰々にこんなことを言われた」というような嘘（虚言）もあります。緊急性がないと判断した場合は「後でじっくり話を聞かせてね」と伝えます。

　そして，落ち着いて話ができる場所と時間を確保し，本人の話をよく聴きます。誰かの気を引こうとしているのか，誰かにとって都合の悪いことを伝えることで満足しようとしているのか，友人関係や本人の心の状態を見極めます。

　嘘の言動をいきなり問い詰めるのではなく，本人が抱える劣等感や不安感，大人への過度な恐怖心や不信感を取り除くような関わりへと指導をシフトします。

（鹿野　哲子）

第1章●「手のかかる子・幼稚な子」 指導スキル32

8 嘘をつく，ごまかす子

　嘘・ごまかしには，様々な種類やレベル，段階があります。他人へ迷惑をかける嘘に対しては，厳しく指導するスタンスを貫く一方で，小さな嘘やごまかしは"大目に見る"心構えも必要です。

大目に見る，とは

　嘘・ごまかしを見過ごし，指導をしないということではありません。厳しい口調や鋭い眼差しで，たたみかけるように叱責するだけでなく，柔らかい口調やあたたかな眼差しで傾聴と受容から入る指導もあるということです。

傾向と対策

1 「嘘」の背景とその先に目を向けること

　ハード編で述べたように，嘘をつく理由は主に２つあると考えられますが，その子自身が抱えている背景を探ると，多種多様な課題が見えてきます。一人ひとりに寄り添い本人の思いに耳を傾けることが大切です。

　その上で，愛情不足や大人への不信感を抱えている子に対しては"だまされてみる"ことも一つの方法です。一対一で話を聴く中で見えてきた矛盾点に対しては，柔らかく指摘するに留め，その後の行動を注意深く見届けます。

「実は…私はあなたの言っているここがおかしいな、矛盾しているな、と思うけれども、あなたの言い分をまずは尊重するよ。信じるよ」と伝えます。嘘・ごまかしへの直接的な指導とは言えませんが、"先生は一旦受け止めてくれた"という安心感が、良い方向に転じるケースがあります。

また、話をする中で自らの嘘を認めた場合には、「正直に認めることは大人でも難しい。あなたの勇気に感動している」と伝えます。嘘・ごまかしの"行為"は否定するけれども、あなたのことは決して否定しないというメッセージやフォローの積み重ねは、次の嘘・ごまかしへの抑止力につながります。

2 「嘘」を乗り越える違和感や愛を語ること

大切なことは、相手に迷惑をかけるような嘘をつく自分自身に対して、「恥ずかしい」「心の奥が痛む」という違和感がもてるかどうかです。人として誠実であることの大切さを伝え続けます。折にふれ「私は皆さんが『嘘をつかない子に』ではなく『自分を誇ることができる子に』という思いで、日々仕事をしています。一人ひとりの誇りを、成長を、信じています」と学級全体へ語りかけます。

誰かに嘘をつき、誰かをだまし、誰かの目をごまかし、自分の得や快を優先させることに違和感をもてるか。そこが人としての分かれ目になるのではないか。そのような教師の言葉がけや語りは、該当の子どもを含めた学級集団の価値観のベースとなります。

(鹿野　哲子)

第1章●「手のかかる子・幼稚な子」指導スキル32

9 見た目を気にする子 ハード編

　思春期前期に当たる高学年は，社会や学校，仲間集団や家族からの影響を受けながら，一人の大人として自分を確立し始める時期と言われています。それまで気にならなかった他者との違いが見えるようになり，自分は他からどう見られるのかを意識するようになります。こうした思春期の特性に鑑みると，他者の目が気になるのは当然かつ正常な発達といえるでしょう。

　しかしながら，度が過ぎると他者からの評価に頓着し過ぎ，積極的に行動できなくなります。失敗しないように目立たないようにと自己主張・自己決定をせず，周りに倣って行動するようになります。

「みんな違って当たり前」が前提

　周囲の目を気にせず行動するためには，「違って当然」という前提に立たせることが第一段階です。思考や感覚の違いは，表に出さなくてはわかりません。ですから，それぞれが自己表出できるような手立てが必要なのです。しかも，切れ切れではなく，日常的，継続的に指導することが肝要です。授業をはじめ，あらゆる場面で自己主張の場を設定し，自己表出する経験を積ませます。

第1章 「手のかかる子・幼稚な子」 指導スキル32

 傾向と対策

1 必ず話すことをルールとする

授業では，挙手ではなく指名による発言にシフトチェンジします。机間指導で決めた子の指名，列指名（列ごとに指名），カード指名（名前記載のカードを引いて指名）などの指名法があります。指名されたら「必ず話すこと」を共通のルールとし，途中まででも後からでも良いので必ず話させることが初期指導では鍵となります。書かせてから言わせる，全員に聞こえる声で発表させるなどの基本指導と併せて徹底し，定着を図ります。

2 思考や判断の違いを視覚化する

考えたこと，書いたことは必ず交流させます。誰がどんな考えか一目でわかるよう，ハンドサインを活用するのも便利です。「賛成→グー，反対→パー」などと意見を分別すると，意見の分布が一目瞭然になります。

「○は窓側，×は廊下側に身体を向ける。せいの，ドン！」というのも手軽な手法です。いずれも他者の動向を伺う間を与えず，即座に自己表出させることができます。

3 同質より異質との交流を促す

同質より，異質なもの同士の方が思考は深化します。そこで，活動場面では仲良し同士にさせず，カードでランダムに，あるいは違う意見同士でなど，多様なグループパターンで活動させます。交流相手を固定しないことにより，人それぞれの違いがあることを学びます。　　（宇野　弘恵）

第1章● 「手のかかる子・幼稚な子」 指導スキル32

見た目を気にする子

　周りの目を気にせず行動するには，安心感が必要です。安心感とは，他者から受け入れられていると感じたときに生まれるものです。ですから，臆せず自己表出するためには，学級に受容的素地があることが不可欠です。

　しかし学級にその素地があっても，自己表出できない子もいます。彼らを「しない子」ではなく，「できない子」という目で見ることが大事です。

傾聴の先にあるのが他者受容

　他者受容の最たるものは，傾聴です。傾聴とは，耳を傾けて熱心に聴くこと（沖森卓也・中村幸弘編『ベネッセ 表現読解国語辞典』ベネッセコーポレーション，2003）であり，他者理解，他者尊重につながります。傾聴を通して，周りから受容されていることを実感させたいものです。

傾向と対策

1 「さびしい気持ち」を共有する

　聴かないことは，相手の存在を無視することと同じであることを，ロールプレイによって実感させます。

　例えば，次のような場面です。

第1章 「手のかかる子・幼稚な子」指導スキル32

一方が熱心に話し、もう一方は目線をそらしたり首を傾けたりする。次に、聞き手は目を見て微笑み相槌をうちながら聴く。全員で様子を鑑賞後、全員がペアで実施。感想交流。「無視されてさびしい気持ち」を共有し、傾聴の大切さを確認。

2 「聴いているよ」を伝える方法を教える

傾聴のスキルとして、次の3つを教えます。1つ目は、頷きと相槌。機械的に行うのではなく、話す間や速さに合わせることがポイントです。

2つ目は、反復。印象深い、あるいは疑問に思う言葉をオウム返し。きちんと聴いているというメッセージになり、相手に安心感を与えます。

3つ目は、遮らないこと。最後まで聴いた上で、疑問や異存を伝えます。全面否定ではなく、部分理解を妥協点にさせます。

3 「できない」に寄り添う

どうしても自己表出できない子を責めるのは禁物。さらに自信をなくし頑なになります。発表が無理なら、ホワイトボードに書いて提示する、書いたものを誰かが代読するという方法もあります。「できないけどさせる」でも「できないからさせない」のでもなく、できそうなことを積み上げていく経験が自信につながります。

（宇野　弘恵）

第1章● 「手のかかる子・幼稚な子」 指導スキル32

異性が気になる子

　小学校高学年は体が大きく成長する時期です。第二次成長期が始まり，女子は女性へ，男子は男性へと変化します。身体の成長に伴って心も成長します。それまで異性に対して抱いていた単純な「好き」という感情が，より「恋愛」に近いものに変化したり，異性を見る目が変わったりする子どもが増えてきます。

👆 異性への思いをコントロールできるように

　異性が気になることは自然な成長です。しかし，もしも，教室で性的な内容を話したり，嫌がる様子を楽しんだりするような姿が見られた場合，それは望ましくありません。健全な方向に導く必要があります。また，恋愛に憧れて誰かれ構わず付き合うような態度は，ネット社会の現在，大きなリスクをはらむことも理解させることが大切です。

傾向と対策

1 異性の体に興味をもつ男子

①不審者情報を利用する

　不審者についての指導を行う場面を利用します。露出などの行為をどう思うかを尋ね，その行為を多くの人が嫌がっていることを子どもたちの言葉から引き出します。そこ

から，見たくないものを見せたり，聞きたくないことを聞かせたりする行為はどこでもしてはいけないことを指導します。

②親の前でそれが言えるか（見せられるか）を問う

　教室で大声で性に関する知識をしゃべったり，絵を描いたりする子に対しては「親の前でそれを言えるのか（見せられるのか）」を問いかけて指導します。「親の前ではできません」というような言葉を引き出せたら，「親に言えないことは人前ですべきではないんだよ」と伝えます。フォローとして「興味があることはわかるが，それは信頼できる友だちと密やかに話すべきだよ」と助言します。

2　異性に対して軽率な行動をとる女子

　高学年になると彼氏彼女の関係になる子が出てきます。二人で行動する程度の付き合いもありますが，中には写真を送る，体を触らせるような場合もあります。特に，女子には軽率な行動をとらないように，生活指導場面以外にも休み時間や放課後など様々な機会に指導，助言をします。
「男の子は『付き合う』ということ自体に興味があることもあるんだよ」
「何か特別なことをしなくても，一緒に笑ったり，感動したりできることが十分に特別で素敵なことなんだよ」

　女児が事件に巻き込まれるようなトラブルにも触れながら，親にも話せるような，年齢に相応しい爽やかな付き合い方が望ましいのだと伝えていきます。

（山本　和彦）

異性が気になる子 ソフト編

　高学年は異性が気になる子が増える時期です。ただし,この変化には身体の成長と同じように個人差があります。また,子どもたちの家庭環境によっても違いがあります。

　例えば,中学生や高校生の兄弟がいる子は異性や恋愛に対して知識が豊富だったり,関心が強かったりします。

　一方,長子や一人っ子の場合,異性にまだ興味をもっていなかったり,拒否感を示したりする場合もあります。

　もちろん,これは保護者の認識や考え方などによっても変わります。

みんなが気持ちよく過ごせるために

　教室には,異性が気になる子,関心がない子,その手の話題から距離を置きたい子など様々なタイプがいます。

　特に,高学年は宿泊学習や修学旅行など宿泊を伴う行事があり,それらの行事が近づくと,子どもたちの異性に対する関心も高まりがちです。楽しく話題にできる場合は良いのですが,一部で盛り上がり過ぎると,話題についていけなかったり,気分を害したりする子が出てきます。どの子も気まずい思いをしないようにマナーを共有しておくことが必要です。

傾向と対策

1 誰かを好きになることは自然だと思える空気をつくる

　異性が気になることは当然の成長です。しかし，学級の子どもたちがそのことに慣れていないと，異性が気になる子が浮いてしまったり，からかいの対象になったりします。

　そんな場合，教師が自分の経験を話したり，さりげなく話題をふったりしながら自然な感情だと理解させます。
「誰かを好きになるって素晴らしいことだよね。みんなは好きな子いるの？」
「先生も君たちくらいのときに好きな子がいたんだよね。やさしくて素敵な子だったよ。懐かしいなあ」。

2 「好き」を軽く扱う言動を見逃さない

　学級の中で興味のある子が多い場合，好きな子を聞き出して言いふらしたり，無理矢理に聞き出そうとしたりすることもあります。教室の中で「好き」という気持ちの扱い方を考え，大切にすることを意識させます。
「誰かを好きになることは素敵なことだし，特別な感情です。ですから，それを他人に言いふらしたり，無理強いしたりすることはいけないことです」
「あっちこっちで『好き』なんて言っている人は信用できないでしょう。『好き』の気持ちは大切に扱いましょうね」

　子どもたちに対して，まずできることは，公の場での振る舞い方や常識を伝えることです。ですから，教師からのメッセージが多くなっています。　　　　　（山本　和彦）

第1章●「手のかかる子・幼稚な子」指導スキル32

不要物を持ってくる子

ハード編

　高学年になると，学校に不要物を持ち込むことで，問題行動やトラブルにつながることがあります。最初は，飴玉1つ，シャープペン1本から始まり，少しずつ広がっていき，お菓子やお金，ゲーム，カード類，漫画，必要以上の文房具，そして，スマホなどの携帯電話など，エスカレートしていく場合もあります。できるだけ早いうちに持ち物のきまりを作ったり，指導したりする必要があります。

曖昧なきまり

　学校や学級での不要物に関するきまりは，どのようなものがあるでしょうか？曖昧なきまりや，それぞれの学級がバラバラな指導をしていると，子どもたちが混乱したり，勝手に判断をしたりして，指導が通らなくなることがあります。

傾向と対策

1 校内で統一したきまりを作る

　不要物についての基本的な考え方は，校内で議論し，全職員が共通認識をしっかり持った上で指導を行うと良いです。そうすることで，全職員が子どもに一貫した指導をすることができ，子どもたちも混乱することがありません。

2 きまりを守れなかったときの約束づくり

きまりを守れなかった場合は、教師が帰りまで預かったり、時には没収したりする場合があるなどの約束を４月のうちに確認しておきます。このことは、家庭にもお知らせし、理解してもらいます。

3 きまりを守るシステムを考える

多くの場合、４月に決めたきまりは、最初のうちは守られていても、夏休み明けや冬休み明けになるとだんだんと形骸化していき、そこから不要物を持ち込みトラブルになるケースが多くあります。そこで、１年間通してきまりを守るシステムを考えます。

４月当初に決めたきまりは、時間が経つと忘れてしまうので、大事なきまりは、書いて掲示をしたり、お便りで家庭にお知らせしたりするなどして、子どもにも保護者にもわかるようにしておきます。

また、チェックするシステムも作ります。例えば、毎週月曜日の朝の学活でチェックするようにします。最初は、教師がチェックし、しっかりと守るようにさせます。その後、全員が守れるようになってきたら係の仕事や班の仕事にすると良いです。このチェックのシステムを子どもたちに決めさせると、自分たちで決めたルールは、自分たちで守るということを学ぶ良い機会にもなります。

（近藤　真司）

第1章●「手のかかる子・幼稚な子」指導スキル32

14 不要物を持ってくる子

ソフト編

　学校全体や学年で不要物に関するきまりを作ることは大切ですが，頭ごなしに禁止するのではなく，「なぜ不要物を持ってきてはいけないのか？」を考えさせたり，子どもたち自身でよりよい学校生活を送るためにはどうしたら良いかを話し合わせたりすることが大切です。

きまりを守ることの意味

　なぜ，きまりがあるのか？なぜ，きまりを守らなくてはいけないのか？このことを子どもたちと話し合った上で，学級のきまりを決めていくことが大切です。

　不要物を持ち込むと勉強に集中できなかったり，ものを介して友だちとのつながりを作ると，トラブルに発展したりすることがあります。しかし，一方的にこちらからきまりを押し付けるのではなく，子どもと一緒に考えていくことが大切です。

傾向と対策

1 学校のきまりの意義を考える

　高学年になると，頭ごなしにきまりを守らせるのではなく，きまりを守る意味や意義を考えさせる良いきっかけにしていきます。

第1章 「手のかかる子・幼稚な子」 指導スキル32

例えば，「『学校に好きなものを何でも持ってきても良い。自由にします』と言われたら，どんなものを持ってきて，どうしますか？」と子どもたちに聞きます。全員に考えさせ，発表させます。子どもたちは，「ゲームを持ってくる」「漫画を持ってくる」「お菓子を食べる」などと，盛り上がります。次に，「これが1週間，1か月，1年経つとどうなりますか？」と聞きます。子どもたちからは，「勉強しなくなる」「友だち関係に影響が出る」「勉強の邪魔になる」「ケンカになる」などの意見が出されます。「では，こうならないためにはどうしたら良いですか？」と聞くと，子どもたちからは，「きまりが必要」という声が聞かれます。「そうですね。たくさんの人が集まるところでは，みんなが気持ちよく生活するためのきまりが必要なのです。では，学級では，どんなきまりを作ったら良いかみんなで考えましょう」。

このようにみんなで話し合ったり，考えさせたりすることが良いきっかけになります。しかし，あくまでも学校で決められたきまりが基本なので，そこは絶対に譲らないようにします。

2 保護者への啓発

保護者への啓発もしていく必要があります。年度初めだけでなく，学期ごとに通信等で，学校や学級のきまりについての意義をしっかりと説明していくことで，学校全体でルールやきまりを決めて，守らせているという安心感を与え，家庭を巻き込むことができます。　　　（近藤　真司）

第1章●「手のかかる子・幼稚な子」指導スキル32

15 勝ち負けを気にする子

学校では，様々な場面で子どもたちの中に差が生まれます。例えば，体育の試合やテストの点数，授業中の発言回数などです。そうした1つ1つの差を「勝ち負け」と判断し，一喜一憂してしまう子どもがいます。

比較の相手を考える

高学年は，自分と周囲を比較することで，序列を意識し，思い悩む時期です。そうした悩みを軽減するためには，差が生まれやすい日々の学習の中に工夫が必要です。

傾向と対策

1 自分との比較にする

体育での試合結果は，「勝ち負け」の判断基準を周囲ではなく，自分に向けられるようにします。そのために，体育の鉄棒や跳び箱などの個別課題の運動で，毎時間学習カードを用意します。学習カードには，自分は何ができて何が苦手なのか，そして，それに向けてどんな練習をするのかを細かく記入します。そうすることで，具体的な自分の姿をイメージできるようにします。ボール競技などの団体競技でも同じように学習カードを用意し，「勝ち負け」ではなく，チームに対して自分は何ができたのか，次は何を

すればいいのかなど細かく記入してもらいます。

　そうした取り組みを通して、比較の対象を自分に置き、具体的な自分の姿を継続的に言語化することで、自分らしさを意識することができます。そのことが、過剰な他者意識を軽減することにつながります。

2 テストの意味を説明する

　テストの点数では、テストをする意味をあらかじめ説明します。学習した内容が理解できているかを試すものであること、正解したから終わりではなく、間違えたところも含め、繰り返し学習することが重要であることなどです。間違えたところは、自分ができていないことを教えてもらえる良い機会であることも伝えます。テストの意味を伝え続けることで、他者との比較ではないことに気づかせます。

3 発言を均等にする

　授業中に発言を求める場合は、発言の機会を均等にします。不規則に指名するのではなく、全員が順番に発言してもらうことも、積極的に取り入れていきます。誰から発言を始め、どのような順番で発言してもらうかをあらかじめ提示します。全員が発言するまでは、時間をまたいでも同じ順番で発言してもらいます。そうすることで、発言回数で勝ち負けを意識することなく学習に集中することができます。その際、思いつかない場合は、次の人へのパスを認めたり、発言が苦手な子どもの順番を替えたりするなどの配慮が必要です。

（木下　尊徳）

勝ち負けを気にする子

勝ち負けにこだわる子どもは，自分が勝ちたい・優位に立ちたいという向上的な意欲をもっています。その意欲から，過剰に周囲と比較し，「勝ち負け」を強く意識してしまうことがあります。

意欲の転化

勝ちたい・優位に立ちたいという個人の思いや願いは尊重しなければなりません。その思いを尊重しつつ，周囲との関係を調整するためには，そうした「勝ちたい」という向上的な意欲をよりよい集団に向かう意欲へとつなげられるように工夫します。

傾向と対策

1 過程に目を向ける

例えば，体育のリレーやボール競技などグループで協力して競う場合は，「勝ち負け」という結果ではなく，そこに至るまでの過程に目を向けられるようにします。

そのためには，振り返りの時間を確保することが重要です。なぜ勝てたのか，なぜ負けたのか，何が良かったのか・何が足りなかったのかなど，その結果に至るまでの過程に目を向け，子どもたち同士で話し合いをします。その

際に，「勝ち負け」を気にする子どもに話し合いに積極的に参加するように促し，グループ内で思いを共有できるようにします。

その後，話し合いの成果を交流し，体力差や能力差が大きい場合は，必要に応じてポイントに差をつける・コートや人数を替えるなどのルールを子どもたちと一緒に決めていきます。子どもたちと一緒に決めることで，全員が納得し，進めることができます。そのことが，最終的に勝っても負けても結果を受け入れ，こだわりを軽減することにつながります。

2 リーダー性を育成する

体育の試合結果やテストの点数などを競った場合には，勝ち負けがつくことは避けられない現実です。勝ちにしろ負けにしろ，その現実と向き合っていくことで，多様な気づきが生まれます。そして，その気づきは，周囲との比較にこだわり，勝ち負けを気にする子どもの方が，より多くなります。その気づきを話し合いに生かすことで，勝ち負けにこだわる子どもだけではなく，全員がよりよい集団に向かう意欲づけにつなげることができます。

（木下　尊徳）

第1章● 「手のかかる子・幼稚な子」 指導スキル32

勝手に進めて しまう子

　高学年になると，当番や係活動に加えて，児童会や学年内の行事実行委員といった組織の中で自治的に活動することが多くなります。そんなときに自分の思うままに進めたがり，周囲の了承を得ずに勝手に進めてしまう子がいます。周囲に迷惑をかけるばかりでなく，他の子がリーダーとして成長する機会をも失わせかねません。

他者評価への関心の薄さ

　勝手に進めてしまう子は自分自身への関心が強く，他の子の目に自分がどう映っているかに目が向きにくい傾向にあります。そのため，同学年の友だちや下級生のことを考えた，適切な行動をとれない状況が起こります。

傾向と対策

1 手順を可視化する

　自治的活動を始めるにあたり，教師と子どもたちとで，話し合いの手順を確認します。いつでも見られるように教室に掲示したり，記録ノートに書かせたりします。
　①中心となるメンバーで集まる。
　②メンバー一人ひとりの意見を均等に聞き合うことを確認する。

③議題を決める。

④活動の進め方（議題を提案する人・元となる提案・話し合い方）を決める。

⑤先生に相談して，了承をもらう。

のように定め，手順を守らせます。

また，活動中や活動の終わりには，必ず教師が関わるようにします。教師に相談しに来たら，中心となるメンバー全員から説明を聞くようにして，勝手に進めてしまう子以外の子の考えも確かめます。

2 全体での確認事項を可視化する

学級会等で話し合い，みんなで決めたことは，書記の役割をもった子が，例えばB4～A3判の紙に書いて次の話し合いの機会まで掲示します。よりよい学校・学級を目指してみんなで決めたことを守り，実行する風土を作ります。これによって，勝手に進めてしまう子に触発されて一緒に突っ走る子の出現を予防します。

3 リーダーの仕事を細分化する

話し合いの司会役とリーダー役を同じ子が務めると，リーダーが活動を好き勝手に進める可能性があります。話し合いの司会役・記録役・グループのリーダーをそれぞれ別の子が務めます。リーダーの経験の浅い子や力量の低い子には，フォローできる子とペアを組ませたり，教師が支援したりしながら，いろいろな子がリーダーの立場を経験できるようにします。

（斎藤　佳太）

第1章● 「手のかかる子・幼稚な子」 指導スキル32

18 勝手に進めてしまう子

ソフト編

　勝手に進めてしまう子もそうでない子も，学級や児童会組織などに居場所が欲しいという思いは同じです。互いの思いに折り合いを付けて生活するためには，一人ひとりのもつよさを発揮できる環境を整えることが大切です。

力を役立たせる場を作る

　勝手に進めてしまう子は，見方を変えると，自分で活動の見通しを立て，行動を起こせる力をもっている子と言えます。その力を周囲のみんなの役に立たせることで，集団に貢献した成功体験を味わわせます。

傾向と対策

1 計画案を作る立場にする

　集会や行事の企画を立てるとき，土台になるような案があると話し合いがしやすくなります。そのような案を作る仕事を，勝手に進めてしまう傾向がある子に頼みます。

　自分なりに計画を組み立てる力がある場合が多いので，難なく案を作れます。案を話し合いの場に提案してもらって，みんなで改良していきます。時には，当初の案に反対の声が上がったり，より優れた代案が出されたりすることもあります。そこで教師は「○○さんが元の案の代わりに

考えてくれたアイディアにはどんな良い点があるかな」と元の案を作った子に問いかけ，他の人の考えのよさに目を向けさせます。よさを見つけられたら「さすがだね。みんながさらに楽しく過ごせるというメリットに気付くことができたね」と認め，自分の案に固執しなかった態度を評価します。

結論が出たら，話し合いを振り返って，元の案をもとに話し合ったことで円滑に話し合えたことを確かめ，みんなで案を作ってくれた子に感謝の気持ちを伝えます。

2 サポーター役にする

勝手に進めてしまいがちな子に，リーダーとしての経験が浅く，力量の低い子のサポーター役を頼みます。

「君は活動の進め方をよくわかっているよね。みんながリーダーになれるように，他の子にも教えてくれないかな」と話します。サポーターとして，リーダーの子から助けを求められたときにアドバイスをするように頼みます。

そのときには，
「次はこのようにみんなに話してみたらどうかな」
「ぼくだったらこうするよ」
と，リーダーにアイディアを提案するための話し方を教えます。自分で進められなくてじれったい気持ちを抑えながらサポートできたら，教師から「君のおかげで，○○君も自信をつけられたよ。ありがとう」と感謝の気持ちを伝えます。

（斎藤　佳太）

第1章● 「手のかかる子・幼稚な子」 指導スキル32

19 コミュニケーションをとらない子

ハード編

　対面でしか物が買えなかった時代，あるいは会話しなくては意思の疎通が難しかった大家族，多世代家族であった時代は，コミュニケーションをとることは「強制」「必然」でした。しかしインターネットの普及に伴い，自分と同じ価値観や趣味をもつ人たちとコアにつながることができるようになった現代，コミュニケーションをとるかとらないかを「個人選択」するようになりました。

　こうした時代の流れか，教室にも「だるい」「うざい」という理由で，他者とコミュニケーションをとりたがらない子が見られるようになりました。しかし現実の社会は，自分と異なる人と付き合うことの連続です。異文化，異なる価値観の人たちとのつながり方を指導することは，学校教育の責務であると言えるでしょう。

コミュニケーションを強制する

　学級では「コミュニケーションをとって当たり前」という空気を早急に作ることが肝要です。「コミュニケーションをとらない子」が現れてしまった時点で指導が難しくなりますので，そういう子を出さない予防的な指導が鍵となります。

第1章 「手のかかる子・幼稚な子」 指導スキル32

 傾向と対策

① コミュニケーションしなければならない場面を作る

教師の影響力が最も大きいと言われている初日,全員がコミュニケーションしなくてはならない場面を設定します。例えば,自己紹介の場面では,隣同士ペアで練習させます。
・全員起立。お互いの練習を聞き合ったら着席。
・互いに良いところとアドバイスを1点ずつ伝え合う。
・隣の人から言われたことを書く。
と,必然的に対話が生まれるように指示します。

さらに,隣の人のコメントを発表させることによって確実にコミュニケーションをとったかが確認できます。「いいところを見てくれたね」「嬉しいこと言われたね」などと肯定的なフィードバックをすることで,コミュニケーションの価値を伝えることもできます。

② コミュニケーションしない子を見逃さない

指示に従わず,コミュニケーションしない子がいます。「しない」のか「できない」のかの見極めが難しいところです。心理的に,あるいは能力的に難しい子もいますが,大事なのは「コミュニケーションするのが当然」という前提を教室に作ることです。ですから,まずはどちらであってもしていない子を見逃さないことです。何か一言でもいいから必ず言わせる,書いたものを見せるだけでもOKなど,何かしらコミュニケーションさせることが教室のボーダーラインを示すことにもなります。　　　　（宇野　弘恵）

第1章●「手のかかる子・幼稚な子」指導スキル32

20 コミュニケーションをとらない子 ソフト編

『ベネッセ 表現読解国語辞典』454頁（沖森卓也・中村幸弘編，ベネッセコーポレーション，2003）によれば，コミュニケーションとは「社会生活を営む人間が，意志・感情・思考などを，交換・共有することを目的に行う。」とあります。

では，コミュニケーションをとること自体が目的なのかというと，決してそうではありません。入口は強制ですが，こればかりを続ければ「うざい」「だるい」の思いは増大します。自発的にコミュニケーションをとれるようになるためには，楽しさや恩恵を実感できることが必要です。

楽しさを実感させる

「コミュニケーションはとらねばならん！」と上からの指導ばかりになれば，反発心や反抗心を生みます。ついつい反応してしまった，やってみたら楽しかったという経験が，「うざい」「だるい」からの脱却に。コミュニケーションゲームを上手に活用し，楽しい時間を共有しましょう。

傾向と対策

1 思わず反応してしまう場面を作る

「これから，宇野先生クイズを行います。正解と思った

第1章 「手のかかる子・幼稚な子」指導スキル32

ら座ったまま，いや違うと思う人は立ってください」。

1問目は「私の名前は，宇野キャサリンである」など，明らかに不正解の問題を出します。ゲームに参加しなければ，間違った答えをアピールしてしまうことになります。
「あれ？注目されたくてわざと立たなかったでしょう！」
「まさか私をキャサリン先生と呼ぶ気？」
「あなただけは私をキャサリンと呼ぶことを許可します！ただし，放課後だけね」
と笑いが起こるよう対応します。

2 必然的な対話場面を作る

「休み時間したい遊び」等のテーマを決め，1つ書かせます。それをもとに右図のようなカードを作成し，一人1枚ずつ配布します。4人グループで分担しながら情報を入手し，表を完成させるゲームです。

（　）さんの好きなものは（　　　　）です。
　この情報は（　　　）さんが知っています。

休み時間したい遊び表をコンプリートせよ！（　　班）グループのメンバー（　　　　　）			
宇野さん	福さん	太田さん	横田さん
斉藤さん	山下さん	近藤さん	山本さん
嵐野さん	大野さん	山口さん	木下さん
沼付さん	藤翼さん	中島さん	郡村さん
小野さん	後太さん	増澤さん	三浦さん
篠田さん	山ださん	加藤さん	鈴木さん
新川さん	馬橋さん	辻村さん	福川さん
調べて思ったこと			

各々違う情報を持っているため，対話が生まれます。誰が情報を所持しているかわからないのも，わくわく感を生みます。「鬼ごっこ派が多いね！」など，結果から見えることを話し合うことで，クラス共通の話題が生まれます。

（宇野　弘恵）

第1章●「手のかかる子・幼稚な子」指導スキル32

担任に反抗的な態度をとる子

ハード編

指示をわざと聞き流したり，揚げ足をとったりするような子がいる場合，担任は，他の児童までもがその雰囲気に呑まれないよう，毅然とした態度をとることが必要です。

感情的に対処してしまう担任

担任に対して反抗的な態度をとる子は，担任がイライラするような言動をあえてとります。感情的に対処すると，その子との関係の改善が望めないだけではなく，周囲の子たちも「一人の言動に振り回される担任のせいで学級の雰囲気が悪くなっている」と感じてしまいます。

傾向と対策

1 学級のルールを明確にする

感情的に対処してしまうということは，「何を認め，何を注意するか」という部分が，担任として曖昧になっているということでもあります。反抗的な子に対し「なんだ，その態度は！」というような言葉ではなく，「みんなでこのルールを守ろうと決めました。だから，これは認められません」と言えるように，折に触れ，ルールを学級全体で確認したり，担任の考えを学級全体に伝えたりする時間を設けます。

第1章 「手のかかる子・幼稚な子」 指導スキル32

そして、子どもが反抗的な態度をとったとき、担任とその子との1対1の対立構造にせず、「これは正しいことですか？」とみんなでルールを確かめるようにします。多くの子が同じように判断をする中では、担任に対して無茶なことを言いづらくなります。

2 言葉遣いに配慮する

担任の使った言葉一つにも子どもは反応し、「さっきはこう言ったくせに」「あの子にはこう言ったのに」などと反抗のきっかけにします。

自分が冷静であるためにも、丁寧な言葉遣いを心がけ、話す速さもゆっくりにします。「○○さん、それはこういうことですね」と、落ち着いた口調で、その都度違うことを言わないように気をつけながら話します。

3 長々と説教をしない

その場で態度を改めさせ、「ごめんなさい」と言わせようとすると、話が長くなり、雰囲気も悪くなるので、待たされている子どもたちもうんざりします。それが、反抗的な態度を助長します。さらに、周囲の子まで同調してしまうと、指示が通らなくなってしまいます。

深追いをせず、いけないことをいけないと伝えたら、すっと切り替えて授業を進めます。時には反抗的な言動をあえて取り上げないようにします。

周囲の子たちを意識することが、実は、反抗的な態度をとる子へのアプローチになるのです。

（横田　陽子）

第1章●「手のかかる子・幼稚な子」 指導スキル32

22 担任に反抗的な態度をとる子

ソフト編

　反抗的な態度をとる子を見ると，ついその態度にばかり目が向きます。しかし，その背景に何があるのか，本当はどうしたいと思っているのかを考えることも大切です。

なぜ反抗的な態度をとるのか

　担任との関係だけでなく，いろいろな面から原因を考えていきます。例えば以下のようなことが考えられます。

・自分の思いを認めてもらえなかった経験が多い
・どこまで許されるかを探っている
・もっと注目して欲しいと思っている
・担任の言動に不満をもっている（扱いが不公平など）
・自分に自信がなく，強く見せたいと思っている

傾向と対策

1 共感的な態度で話を聞く

　まずはその場で「どうしてそう思うの？」などと，子どもの話を聞く姿勢を見せます。話をすることが難しいときには，時間をとり，1対1でゆっくり話せる場を設けます。周囲の目を気にする子は，時間をおき，静かな場で担任と二人になるだけで態度が和らぐことがあります。

　態度が良くないことを説いたり，言い聞かせて反省させ

ようとしたりする前に，その子が安心して自分の思いを話せることを大切にします。マイナスの感情を話されても，一度は「わかるなぁ」と共感的に受け止めます。内容によっては「それは悪かった」と謝ることも必要です。

その上で，担任の思いを伝えるようにします。

2 その子が認められる場を作る

反抗的な態度を改めるよう指導する以外にも有効な手立てがないか考えます。例えば，その子のよさが認められる場面を意識的に作ります。また，休み時間にその子の興味のあることについて他愛のないおしゃべりをすることも，子どもにとってはとても嬉しいことです。何か特別なことをしなくても，先生に受け止めてもらえるという安心感にもつながります。

3 周囲の子どもたちの受け止める力を育てる

不適切な態度をとる子を周囲の子が先生のように注意したり，冷ややかに見たりするようなことがあります。同調しないのは良いことですが，そのような雰囲気に敏感な子は，よりひどく反抗するようになってしまいます。

反抗的な態度をとることがいいことではないと，多くの子がわかっています。「みんなもイライラすることってない？」「言い返したくなるときってどんなときかなぁ」と問い，本音を子ども同士で聞き合う場を作ると，行動の背景を想像しようとする子が育ち，共感的な温かい声かけを子ども同士でもできるようになります。

（横田　陽子）

第1章● 「手のかかる子・幼稚な子」 指導スキル32

家と学校での様子が違う子

　親の前と，学校で見せる姿が違う子がいます。家と学校で表情，行動，言葉遣いなど言動が違う場合があります。

　家ではおとなしく，聞き分けも良く，困らせるような言動がなくても，学校では，活発だったり，問題行動や人を傷つけるような発言をしたりする場合があります。その反対に，家では活発に話したり行動したりしている子が，学校では，とてもおとなしく，消極的な子もいます。

　一方，トラブルがあったときに，学校で話していたことと家で話していることが異なる場合もあります。学校では反省している様子だったのに，家に帰ってから自分の非を認めず，自分に都合のいいことだけを話す子がいたりもします。

家と学校での様子のギャップを埋める

　親の前での言動と学校での言動のギャップが大きくなると，トラブルはさらに大きくなります。そのことがきっかけとなり，その後の子どもや保護者との関係づくりが困難になったりもします。

　したがって，家と学校での様子のギャップを埋める手立てが必要です。それにより，親と教師がよりよい信頼関係を築くことができ，子どもへの深い理解へとつながります。

第1章 「手のかかる子・幼稚な子」 指導スキル32

 傾向と対策

1 子どもの言動を確実に捉え，記録する

①子どもの言動を確実に記録する

子どもの言ったことや行動の様子をできるだけ細かく記録しておきます。保護者には違うことを言ったり，家では全く様子が違ったりする場合に，親の理解を得られないことがあります。そうならないように，気になる言動は確実に記録しておきます。記録したものを子どもに見せると，自分が言ったことを確認できたり，自分の言動を客観的に把握したりすることもできます。

②校内情報を集めて記録する

他の先生からその子の情報を集めます。これまで担任していた先生，専科で入っている先生，養護教諭など，多くの先生からの情報を集め，記録しておきます。

③複数体制で聞く

生徒指導上のトラブルで子どもから話を聞くときは，可能な限り複数の教師で話を聞くようにします。複数で聞くことで，子どもの話を確実に把握しておくことができます。

2 子どもの話を親と一緒に聞く

子どもの話が学校と家で違うことが何度もあると，連携しづらくなります。複数回そのようなことが続いた場合は，家庭訪問をしたり，子どもと一緒に学校へ来てもらったりして，親子一緒に話を聞きます。親の思いや考えも同時に受け止めます。

（齋藤　知尋）

第1章●「手のかかる子・幼稚な子」 指導スキル32

家と学校での様子が違う子

ソフト編

　家の環境，学校の環境により，自分の思いを十分に表すことができず，それが親の前と学校での様子の違いに表れている子がいます。また，家，学校のどちらかで自分の本当の思いを出せず，我慢することでもう一方の場で過剰に出してしまう子がいます。

　親の前と学校での様子が違う子の心の内面を捉え，寄り添っていきたいものです。

👆 子どもの本心に気づき，アプローチしていく

「もっと本当の自分をわかってほしい」
「親の前ではいい子でいたい」
「人の前では，自分を出すのがこわい」
という思いが言動に表れ，親の前での言動が学校と異なってしまう場合もあります。

　このような子どもの本心に気づき，その心にアプローチできるような取り組みを工夫していきます。

傾向と対策

1 朝の小さな変化を捉える

　小さな変化から，その子の様子を捉えます。
　特に気をつけて見る時間帯は，朝です。登校時は，家で

の様子が言動や行動に表れることがあります。また，毎朝子どもたちの観察を行うことで，調子や健康状態も把握することができます。

　教室の入り方，表情，声のトーン，髪型，服装，歩き方など，細かい部分の変化を捉えます。気になる場合は，他の子がいないところでさりげなく声かけをしたり，家に連絡したりします。

2　待つ・共感的に聴く・引き出す

　聞き方を工夫して，その子の心の奥にある部分を引き出します。

　まず大切にしたいのは，待つことです。思いを語り始めるまで，焦らずに待ちます。教師が話し続けてしまったり，間髪入れず質問攻めをしたりしないように気を付けます。

　そして，共感的に聴くことです。うなずいたり，相槌をうったり，話したことを共感的に受け止めたりすることで安心感を与えます。

　さらに，「何が問題だったと思う？」「どうすれば良かった？」「これから何ができる？」といったオープンクエスチョンを使い，子どもの心の奥にある思いを引き出します。

　このようにして捉えた子どもの思いを親に伝え共通理解を図ります。それにより，親と連携しつつ子どもに寄り添った指導・支援をすることができます。

（齋藤　知尋）

第1章● 「手のかかる子・幼稚な子」 指導スキル32

25 担任と友だちの前で様子が違う子

担任の前では良い子でいるのに,仲間内では,例えば,自分勝手に行動してしまう子がいます。「担任に良い子と思われたい」「担任に良い子と思われていると都合が良い」と判断して行動していますが,そのことによって周りからの信頼を失ってしまう子がいます。

情報をどのように集め,指導に生かすか

担任の見えているところでは「良い子」として振る舞っているので,その子がもつもう1つの顔は,なかなか気づきにくいことがあります。そのため,情報をどのように集めてその子のことを理解し,指導に生かしていくのかが重要になってきます。

傾向と対策

◆ 担任だけではなく,みんなが見ていることを伝える

担任の前では一生懸命掃除をしているふりをしたり,「掃除をしっかりやりました!」と言っておきながら他の子に仕事を押し付けていたりする状況があったとします。まず本人を呼び,確認をします。事実を認めたのなら,自分の過ちを認めたことを評価しつつ指導します。

しかし,担任には良い子と思われたいので,多くの場合

第1章 「手のかかる子・幼稚な子」指導スキル32

担任と友だちの前で様子が違う子／ハード編

「やっていません」「そんなつもりはありませんでした」と答えます。そのときは，当事者や第三者からの情報を参考にします。ここで大切なのは，「本人が一度その場から離れる」ということです。本人がいる前では，当事者や第三者が本当のことを言いづらい場合があります。そして，もし第三者からの「よくわからなかった」「押し付けていなかった」というような情報がその場で共有されると，本人の言動や行動が強化されることにつながります。

　本人が一度その場から離れた後，当事者や第三者を呼び，情報を集めます。時には，本人に直接伝えてもらうこともお願いします。再び本人を呼んで，話をします。

　押し付けていた情報が集まれば，そのことを再度確認します。それでも否定した場合は，「わかりました。でも，そういう見方をされていたということは理解してください」と伝えます。「そうかもしれない」というような，自分の過ちを認めるような発言をした場合は，それを評価しつつ，指導をします。押し付けていた情報が集まらなくても，「〇〇くんは，『そんなつもりはない』のかもしれませんが，先生（当事者）からはそう見えていたことは忘れずに」とだけ伝えます。

　こうしたやりとりを丁寧にやっていくことで，「あなたの行動は，クラスのみんなが見ている」というメッセージを伝えて，行動の変容を促します。

（大野　睦仁）

第1章●「手のかかる子・幼稚な子」指導スキル32

26 担任と友だちの前で様子が違う子

担任の前と友だちの前では様子の違う子は、自覚的であっても、素の自分を出し切れていないことが考えられます。そして、担任の前で良い子を演じ、担任からの評価を気にしていることで、心の負荷が大きくなっているはずです。問題行動を問い詰めるだけではなく、そうした気持ちに寄り添う必要があります。

自己受容から自己肯定感へ

担任の前では良い子を演じ、担任からの評価を気にしている背景には、自己受容や、自己肯定感の低さの問題があります。周りからの信頼を失わないように、素の自分を受け入れられながら、自分のよさに気づき、それを実感できるように関わっていきます。

傾向と対策

1 視点を変える～やれている自分がいる

友だちの前では望ましくない行動をしていても、担任の前では望ましい行動がとれていることに目を向けさせます。トラブルが起きたときに、「友だちにしたことは良くないことだけれど、先生の前ではしっかりできている。つまり、○○くんには、やれる力があるということ。そこを大事に

第1章 「手のかかる子・幼稚な子」 指導スキル32

していってほしい」と伝えます。本人の中にある「やれている自分」に気づかせていきます。場合によってはクラス全体（あるいは関係している子たち）にも同じことを伝え，視点を変えてその子を理解していくようにします。

2 価値を広げる〜望ましくない行動からも学ぶ

機会があるごとに，次の2つの価値をクラス全体に伝えます。この価値がクラス全体に広がっていくことで，その子が担任の前でも「素の自分を出してもいいかな」と思えるようになっていきます。

（1）望ましくない行動は良くないことだけれど，それを認めることは大事なこと。そうすることで，よりよい自分に向かっていける。

（2）成長する過程の中で，望ましくない行動をとってしまうことは誰にでも起こり得ること。大事なことはそこから学んで，次に生かしていくということ。

3 信頼を得る〜受け止めてもらえていることを実感する

担任の前と友だちの前では様子の違う子は，状況を冷静に判断して，自分の出し方を使い分けている側面があります。そのため，自分のことを受け止めてくれているか（あるいは，受け止めてくれそうか）という，担任との信頼関係も敏感に感じ取っています。

信頼関係を築くことは簡単ではありません。しかし，担任への信頼がなくては，素の自分を出すことはできません。時間をかけて信頼関係を築いていき，自分を受け止めてもらえていることを実感させていきます。　　　（大野　睦仁）

第1章● 「手のかかる子・幼稚な子」 指導スキル32

27 相手によって態度を変える子

学級には様々な子どもがいますが，勉強の得意・不得意，運動ができる・できないといったことが，子どもたちの中の序列となってあらわれることがあります。友達をよく笑わせるとか，あまりおしゃべりをしないとかいうことも，明るい・暗いといった序列を生むことがあります。

学級経営を点検する

学級の中で序列が出来上がっていくと，自分よりも上の子と下の子に対する態度が変わる子が出てきます。差別，いじめにつながるこうした態度を生まないよう，序列のない学級経営になっているかという点検が必要です。

傾向と対策

1 定点観測をする

発表に対して，「拍手をする」や「うなずく」などのルールがある場合，どの発言に対しても拍手やうなずきが同じように行われているかを観察します。学級内に序列ができていると，特定の子に対して拍手が小さかったり，うなずきが少なかったりするということがあります。

給食の盛り付けの量が人によって違うことはないか，掃除の役割分担が固定化していないかなど，子どもの活動の

様子を定点観測することが大切です。

　小さなほころびを見逃さず,「人によって態度を変えるということはいじめにつながる行動だ」ということをはっきりと伝えます。

2　無意識な序列づけを行っていないかを振り返る

　教師の指導の中にも,子どもにとって序列をつけているように見えることがあるので注意が必要です。

　宿題調べや忘れ物の点検表を貼り出すことは,できていない子を際立たせることになります。

　授業中,指名する子や褒める子が偏ってしまうと,贔屓と感じる子が出てきます。

　集団の前で繰り返し特定の子を叱る教師の行為を見ていると,いつも怒られている子という認識が生まれ,子どもたちも厳しく接するようになります。

　こうした指導によって,子どもたちの中に序列が生まれていきます。教師自身が自分の指導を振り返る必要があります。

3　一人ひとりが活躍できる場があるかチェックする

　話し合いの中で,発言の機会が全員にあるか,当番活動で分担が公平に行われているか,係活動や行事の役割分担が個に合ったものになっているかをチェックします。

　学級の中で,一人ひとりが活躍する場があり,お互いを認め合う雰囲気ができていれば,人によって態度を変えるということはなくなっていきます。

（高橋　正一）

第1章● 「手のかかる子・幼稚な子」 指導スキル32

28 相手によって態度を変える子

 同じことをしていても強く責めたり責めなかったりするというように，友達によって態度が変わるということは，自分の仲間とそうではない子を区別しているということです。仲間と思っている子には親切にできても，そうでない子には冷たい態度をとってしまうのです。

人との付き合い方を示す

 学級内の人間関係が固定化し，人付き合いが狭くなってきてしまうと，他の子のよさに気付きにくくなり，仲間内と仲間以外の子に対する態度が変わってきます。

傾向と対策

1 多様な集団に属するような仕組みを作る

 友達付き合いが固定化すると，他の子のよさに気付きにくくなり仲間の内と外とで態度が変わります。

 いろんな人のよさがわかるように多様な集団に属するような仕組みを作ります。

 学習班や生活班は定期的に替えられると思いますが，例えば，月ごとにくじ引きで席替えを行ったり，理科室班や図工室班など特別教室ごとにグループを替えたりするということも考えられます。

係活動は,自分のやりたい仕事を選択させ,同じ希望をもつ子で行うようにします。

2 公平に接する場面を作る

人によって態度を変えずに接することが,人付き合いのマナーだということを伝えるために,公平に接することができる状況を作り,褒めて行動を強化していきます。

学習用具を忘れてきた子に,いやいや貸してあげるという態度を示す子がいます。「いやだ」という感情が表出してしまう前に,先手を打って「貸してあげて」と声をかけ,すかさず「ありがとう」と伝えます。

3 姿を見せる

自分がどういう態度で友達と接しているのかを意識できていない場合もあります。ロールプレイを行い,どう見えているのかを意識させると良いでしょう。

例えば,友達にものを貸す場合,快く貸す場面と,貸さなかったり渋々貸したりする場面を演じさせてみます。ロールプレイの後に,周りからどう見えているかを話し合ったり,自分でも同じようなことをしたことがないかを振り返らせたりします。

言語化させることで,自分の行動を意識するようになります。お互いの気付きを出し合いながら,「友達によって態度を変えない」という学級世論を作っていくことが大切です。

(高橋　正一)

第1章● 「手のかかる子・幼稚な子」 指導スキル32

29 他のクラスの友だちを優先する子

ハード編

同じクラスの友だちよりも，他のクラスの子との関わりを優先する子がいます。クラス替えの後であれば，前のクラスの人間関係を引きずってしまうことは多少想定されます。しかし，その状態が続くと，様々な問題が生まれてきます。

3つの問題点を意識する

他のクラスの子との関わりを優先してしまうと，次の3つの問題が生じてきます。
（1）クラスの子たちとの信頼関係が築きづらくなる。
（2）クラスで動くときに一緒に行動する子がいなくて，不安になることがある。
（3）新しい人間関係を作り上げていく経験ができない。

このような問題意識をもって子どもたちと関わっていく必要があります。

傾向と対策

1 「理由」を探る

どんな理由で他のクラスの子との関わりを優先しているのかを把握します。それによって，対応が変わる場合があるからです。まず，同じクラスの友だちと関わりたいと思

第1章 「手のかかる子・幼稚な子」 指導スキル32

っているかどうかを知る必要があります。

＜同じクラスの友だちと関わりたいと思っている＞

①仲の良い友だちが違うクラスにいるので，他のクラスの子との関わりを優先してしまう。

②人間関係づくりに自信がなく，他のクラスにある既存の人間関係に頼っている。

③自分のクラスに居場所がなく，他のクラスの人間関係に依存している。

＜同じクラスの友だちと関わりたいと思っていない＞

・自分のクラスに対してマイナスの思いをもっており，自分のクラスに関心がない。

これらの理由を「①**本人から聞き取り**／②**本人の行動の様子**／③**関わりがある友だちからの情報**／④**保護者への聞き取り**」を通して探り，解決の糸口を見つけていきます。

2 「きっかけ」を探る

どんな理由を抱えていても，きっかけがあると変わっていく子がいます。

例えば，教師の目から見て，気が合いそうな子と意図的にペアにします。「二人で先生の手伝いをしてくれないかな」と声をかけて，二人で活動する機会を積み重ねていきます。このようなペアだけではなく，様々な形態での協働作業（学習活動）を教室の中に作り出していきます。

作業や学習活動後には，友だちとの関わりを振り返る場面を作ります。その中から，その子が新たな友人関係を作るきっかけを探り，サポートしていきます。（大野　睦仁）

第1章●「手のかかる子・幼稚な子」 指導スキル32

他のクラスの友だちを優先する子

他のクラスの子との関わりを優先することは，急を要する問題行動ではありません。そして，本人がクラスに対して不安や不満を抱えているために，そのような状態になっていることが多いです。本人の不安や不満に寄り添い，時間をかけて関わっていくことが大切です。

周りの子たちの見方に配慮する

他のクラスの子との関わりを優先することが続いてしまうと，周りの子たちが「あの子は，自分たちのクラスと関わりたくないと思っている」というような見方をもってしまうことがあります。そうすると，その子の不安や不満がさらに高まり，新しい人間関係が作りづらくなってしまいます。

不安や不満に寄り添うことは，担任だけではなく，周りの子たちにも必要であることを意識します。

傾向と対策

1 安心感を優先する

まずは，安心して学校に来られるようにします。他のクラスの友だちであろうと，そこで人間関係を築けているのであれば，新しい人間関係を性急に作らせようとしないこ

とです。しかも,自分のクラスでも新しい人間関係を作り上げたいと思っているのであれば,時間が経つと少しずつ人間関係ができあがっていきます。こうした担任の「待ち」の姿勢が周りの子たちの見方にもつながっていきます。

2 思いを伝え,見通しをもたせる

他のクラスの子との関わりを優先する子には,次の2つの思いを伝えます。

(1) 仲の良い友だちが他のクラスにいても構わない。
(2) でも,クラスの中で協力し合うような場面では,しっかり役割を果たしてほしい。

周りの子たちには,次の2つの思いを伝えます。

(1) 人間関係の築き方は,人それぞれだということをわかってほしい。
(2) でも,積極的にいろいろな友だちに声をかけて,一緒に行動したり活動したりする場面を作ってほしい。

子どもたちの思いを受け止めつつ,「どんな一歩を踏み出せば良いのか」という見通しをもてるようにします。

3 学年の風通しを良くする

クラスという枠があるために,「他のクラスの子との関わりを優先すること」での歪みが生まれやすくなります。しかし,現状では学級を解体することはできません。そこで,学年で動くこと(合同授業やプロジェクト活動など)を多くしたり,学級の行き来を自由にしたりします。風通しの良い状態の中で,子どもたちに新しい人間関係を作り上げていく大切さを改めて伝えていきます。(大野 睦仁)

第1章● 「手のかかる子・幼稚な子」 指導スキル32

悪口・陰口を言う子

　悪口・陰口を言われた子は，思っていることを言えず，つらい思いをして学校生活を過ごすことになります。この経験を引きずり，豊かな人格形成の時期だったはずが，対人関係に苦手意識を抱いたまま大人になってしまう可能性もあるのです。そのような子を教室から生まぬよう，悪口・陰口を言う子に対して毅然とした態度で指導します。

許されぬ行為であることをしっかり教える

　他人を不幸にする行為に対しては，強い思いで指導しなければなりません。だからといって，全員の前で厳しい指導を重ねていくと，教師と児童の間に溝ができてしまうことがあります。時と場合によって，効果的な指導を考えなければいけません。

傾向と対策

1 悪口・陰口は許さない

　「先生は悪口・陰口を許しません」という一言のみの指導ではなく，悪口・陰口によって苦しい思いをした経験があったり，そのような人に出会ったりしたことがあれば，そのエピソードを交えて話すと効果的です。悪口・陰口を言われる側の気持ちを知り「悪口・陰口を言うことは許さ

れないことだ」という認識を共有します。その後「来ている人たち全員が社会で自立するために力をつけ、幸せになるところが学校です。悪口・陰口は不幸になる人が必ず存在してしまう行為であり、絶対に許すことはできません」ということをきっちり教えます。

2 マイナス反応を見逃さない

特定の子に対してのみ無反応、目配せして笑う、「きもい」「うざい」「最悪」「面倒くさい」「疲れた」など、教室の空気を冷たくする「マイナス反応」は見逃しません。見つけた場合は「○○さん、もう一度みんなの前で言ってみなさい」と取り上げます。「マイナス発言は教室の空気を冷やすどころか今から頑張ろうとしている人を不幸にします。絶対に許しません」と毅然とした態度で指導します。

3 悪口・陰口を発見したとき

いつ発見したかによって、個別に対応したり、その場で対応したりします。「今やっている行為で自分や他人が幸せになるのですか？」と問い、感情的に叱らず、毅然とした態度で話します。反省の色が見られない場合は、「行動を改めないなら、保護者に来てもらい、校長先生をはじめ、他の教師も一緒になってあなたがやっていることに対して話し合う場を設けなければなりません」と伝え、担任以外の誰が見ても許されない行為であることを教えます。毅然とした対応を繰り返すことで「悪口・陰口」に対して厳しいという教師のあり方を示していきます。

(中原　茜)

第1章●「手のかかる子・幼稚な子」指導スキル32

悪口・陰口を言う子 ソフト編

　高学年には自分よりも他者が気になり比較してしまう傾向があり、他者との違いを受け入れることが苦手です。相手をありのまま受け入れられないということは、存在を否定するということにつながります。「気持ちの整理」や「折り合い」をつけることに時間がかかってしまうから、悪口・陰口を言うという行為に逃げてしまいます。

言わせない環境づくり

　「悪口・陰口を言わないようにしよう」と繰り返し指導してもなくなりません。「言わない」のではなく悪口・陰口を「言わせない」教室環境づくりをしていきます。

傾向と対策

1　意図的につながりを作り出す

　「今日の朝ご飯」などテーマを与え、できるだけ均一にトークできるよう交流条件（登下校が別な人同士、男女など）を指定します。「【質問→答える＋質問】でやりとりする」というルールを決め、２分間のミニトークに取り組みます。朝の会に組み込むこともできますし、授業の意見交流にも応用できます。短いコミュニケーションを多く積み重ね、仲間の固定化を防ぎます。

第1章 「手のかかる子・幼稚な子」指導スキル32

2 ロールプレイで対人関係スキルを学ぶ

「Aさんはあなたと仲良し。休み時間『ねぇ、あの子ムカツクよね』と言ってきました。あなたならどうしますか？」と場面を限定し、ロールプレイをしながら考えられる対応をいくつか出し合います。学級全体で考えることで「悪口・陰口」に対しての厳しい意識を高めることができます。

3 気持ちのはけ口になる

「どうしても嫌い」「あの子を見ていると腹が立つ」など、悪口・陰口をよく言ってしまう子のやり場のない気持ちをはく場所として、教師とのパイプを用意しておきます。
日記…毎日書く、家庭学習の最後に3行日記を書く…などやり方は様々です。大事なのは、他の児童が入り込めない「先生と自分だけの話」ができるパイプを作ることです。
面談…家庭訪問や個人懇談の前に「学校生活」に関するアンケートをします。アンケートをもとに1人4～5分の面談を空き時間に設けます。

これらを通して、教師は悪口や陰口の内容に共感せず、その子の話を聞くことに徹します。一通り聞いた後「明日からどうしようか？」と問いかけます。すっきりして「大丈夫」と答える場合もありますし、そうでない場合は教師がいくつか対応策を提示し選択させます。児童が選択したら終わりではなく「一週間やってみて、どうだったかまた話そう」と伝え、その子自身が変われるように一緒に悩み、一緒に考えながら、サポートしていきます。（中原　茜）

「気になる子・やんちゃな子」
指導スキル24

親子関係を把握する ハード編

　高学年では，不登校や登校しぶり，遅刻や欠席，不衛生などの問題行動が深刻化する傾向があります。いろいろなことが関連して一つの行動に表れていることも多く，問題の全体像をつかむことが難しくなってきています。

親の思いを知る

　問題行動の根元が親子関係にある場合があります。そこで，保護者と話をする機会をもち，どのような親子関係かを知ることで，対応のヒントをもらうことができます。

傾向と対策

1 保護者との距離感を縮める

　高学年になると，保護者は中学校や高校での子どもの様子を見据えて，子どもの行動に心を痛めています。しかし，なかなか我が子の行動にどのように向き合っていいかわからず，困り果てている場合もあります。また，子どもの行動がなかなか変化しないことに苛立って，学校不信に陥っているケースもあります。

　ただ，どんな場合でも保護者は誰かに話を聞いてほしいと思っています。時間をかけて話を聞いてあげることで，保護者と教師の間に信頼関係を築くことができます。この

先生は自分の話を聞いてくれると思ってもらえれば，保護者の本音を聞くこともできます。

保護者の話を聞くときには，まず共感を示すようにします。保護者の思いを受け止めながら話を聞くことで，親子の関係が見えてきます。保護者の子どもに対する思いや，困っていること，学校に期待していることをつかむことがスタートになります。

2 提案はしない

保護者の困り感に寄り添うことは良いことですが，ある問題行動に対して，担任から早計に保護者に対応策を伝えないように気をつけます。適切に対応するには，いろいろな角度から検討することが必要だからです。保護者からどうすればいいか聞かれて，よくわからないときは，「周りの先生方とも相談してからお返事させてください」とお願いするのも一つの方法です。話せる場合でも，「かつてこんなことがありました」「こんな方法もありますよ」というように，断定的な言い方にならないように気をつけながら慎重に話を進めることが必要になります。

3 コーディネーターや養護教諭に協力してもらう

保護者によっては，担任には話しにくいと思っている方もいます。ここで力を貸してもらえるのが，コーディネーターや養護教諭です。その先生方に保護者面談をしてもらい，後から一緒に親子関係の検討をすることができれば，さらに有効な対応を考えることができます。

（髙橋　裕章）

第2章● 「気になる子・やんちゃな子」 指導スキル24

親子関係を把握する ソフト編

親子関係を担任が知る方法は限られています。前担任から聞くのも一つの方法ですが，子どもから直接聞く方が比較的容易に様子を知ることができます。子どもが親をどう見ているか，家でどんな生活をしているのかなどをいろいろなアプローチを通して知ることが必要になります。

子どもの思いを知る

この時代，家庭生活に迂闊に足を踏み入れることはできません。しかし，子どもの生活を知らずに適切な対応はできません。プライバシーに配慮しつつ，できることを探していくようにします。

傾向と対策

1 会話から知る

子どもたちとのさりげない会話の中に親子関係が見え隠れするときがあります。「昨日，お母さんがさ〜」などのようにポロッとこぼれてくる言葉の中に，親子の雰囲気がわかるときがあります。ただ，これは漫然と聞いていてはアンテナにかかってきません。子どもたちと話す場面を教師がセッティングすることが大切です。例えば，給食を子どもと一緒に食べたり，休み時間一緒にいたりして，こち

らから保護者の話になるように水を向けていきます。「最近お家の人とけんかしたことある？」「お家の人に褒められてうれしかったことは何？」などのように，子どもの保護者に対する思いや家庭の雰囲気が見えてくるような会話を少しずつ増やしていくようにします。

2 作文で知る

作文を書いてもらうことでも，親子関係を知ることができます。父子家庭，母子家庭など様々な家族形態が増えている現代では，書かせるテーマに配慮しなければなりません。そこで，行事や家庭生活について書いてもらうようにすれば，どの子も書きやすくなります。「遠足のお弁当について感想を書きましょう」「家族で一番楽しい人は誰でしょう」「日曜日の朝の風景」など，どの子でも書ける内容のテーマを設定することで，家庭での様子や雰囲気をつかむことができるようになります。これは，1か月に1度というように定期的に書かせて様子を見守ります。またこの作文は，子どもとの会話のネタにすることもできます。

3 養護教諭から知る

子どもたちは，担任には言えないヒミツの話も，保健の先生には言えることが多いようです。表情が暗かったり，服のにおいが気になったりする子がいたら，保健の先生に話を聞いてもらうとその理由を素直に話してくれることがあります。自分一人だけで頑張らないで，職場の力を借りるようにします。

（髙橋　裕章）

第2章● 「気になる子・やんちゃな子」指導スキル24

3 成育歴を把握する

支援の必要な子の指導にあたるときに，その子の成育歴を把握すると，指導の糸口が見つかることが多くあります。しかし，小学校の教員は，就学前の子どもの様子を把握する機会は多くありません。

情報の入手先をどうするか

成育歴を把握するためには，意図的な情報収集が必要です。また，短時間に支援の必要な子の背景を知り，その困り感に寄り添い，学校で楽しく学習できるような支援を開始するためには一にも二にもスピードが求められます。

傾向と対策

1 在籍年数の長い同僚と話す

その子に上の兄弟がいる場合には，兄弟を担任していた同僚から聞いて情報を集めます。授業参観やその他の学校行事で保護者に連れられて来校していたり，家庭訪問等で姿を見ていたりと，就学以前の様子で参考になる情報が得られます。また，「兄弟と保護者の関わりはどのようなものだったのか」という情報も貴重です。

2 保護者と話す

小さいときの様子や傾向，特に困ったことや変わったこ

とがなかったか話します。また，家族関係にも変化があったり，転居など環境の変化を経験したことがなかったかについても参考になる場合があります。同居している祖父母の話にも有益な情報が含まれているかもしれません。かなり立ち入った話になる可能性もありますので，十分な配慮と信頼関係の上に，慎重に進めます。特に担任してすぐの時期などは，思い出話を聞く程度に留めます。間違っても「特別な支援が必要かもしれない」という見立てを伝えてはいけません。

3 幼稚園・保育園の先生と話す

入学時に，幼稚園・保育園との引き継ぎがあります。その記録を読み返して，現在の指導につながるヒントがないか考えます。特に詳しく聞きたいことがあったら，管理職の許可を得て，当時指導にあたっていた先生にお話を伺います。

4 子どもたちからエピソードを集める

転入してきた子でなければ幼稚園・保育園が同じだったという子がクラスにはいるでしょう。給食を食べながら，その子たちと「小さいときの思い出話」をすると，様々なエピソードが聞けます。子どもの記憶ですので，事実を正確に覚えているとは限りませんが，子どもたちがどのような関係性を紡いできて「イマココ」にいるのかを垣間見ることができます。

（藤原　友和）

4 成育歴を把握する（ソフト編）

把握した成育歴は，現在の子どもへの支援を考える上で重要な参考資料です。その子を理解する切り口，その子への支援が良いかどうかを判断する材料，その子の変化を見取るための指標になり得ます。

把握した成育歴をどう活用するか

支援を継続していくために，担任一人が抱え込んでしまうことは避けなくてはいけません。学校全体で支援ができるように，必要な範囲で共有し，引き継ぐようにします。現在の子どもの記録は，角度を変えてみると将来において成育歴の一部になります。卒業した後もその子は成長していきますし，支援者を必要とするはずです。

傾向と対策

1 個人ファイルに記録する

成育歴に関する情報は，個人ファイルに記録します。そのときは，「聞いた話のまま」記録するようにします。担任の解釈を交えてしまうと，自分の指導観や子ども観に合った情報だけをクローズアップしてしまいがちですので，特に留意します。支援の必要な子のファイルを用意して，「誰からの情報なのか」を明らかにして記録します。

2 学年・学校全体で共有する

　学年や学校で共有して、その子をどうやって見るか・どのように育てていくかという指導の方向性を確認します。指導歴の豊富なベテランからは、似た傾向のあった過年度の子どもの様子を聞き、それを参考に支援をすることができます。また、組織的に対応しなければならないこともありますので、校内の支援会議等で共有します。統一された書式がある場合にはそれに従い、「全員の目で」「継続的に」その子を見られるようにします。

3 経過を記録し報告する

　学年で共有した指導方針に基づき、支援を継続します。その際にその子自身の反応や変化、周囲の子への影響など見取ったことを記録します。適宜、校内にも報告します。

4 外部との連携に活用する

　発達障害支援センターやことばの教室、医療機関など、外部との連携が適切な支援のために必要な場合があります。個人情報の保護には留意が必要なことは言うまでもありませんが、成育歴を共有する中で、キーパーソンとなる人が浮かび上がってくることもあります。「転勤して○○市に行ってしまったけど、Ａ先生のことが大好きだった」「Ａ先生に対してはお母さんもとても心を開いていた」ということが突破口となって、保護者との対話が進んだという事例もあります。

（藤原　友和）

第2章●「気になる子・やんちゃな子」指導スキル24

5 前学年までのこと を把握する

ハード編

支援が必要な子には，継続的な支援が欠かせません。学年が上がり担任やクラスが替わっても，その子が安心して学校生活を送ることができるようにします。

情報を支援に役立てる

前学年までの情報を集めて整理し，その子の特性を理解することにつなげます。また，その子への適切な対応や支援に役立てます。

傾向と対策

1 「個人カルテ」を作る

支援が必要な子を担任することになった場合，「個人カルテ」を作成します（勤務校に統一した書式がある場合はそれを利用します）。これまでの情報を整理することで，支援に役立てます。また，要録等の資料とともに引き継ぎ，継続的な支援につなげます（参考：森孝一『LD・ADHD 特別支援マニュアル』明治図書，2001）。

氏名	
学習面 （学習・運動）	
行動面（対人関係・コミュニケーション）	
興味・関心 得意なこと	
気になる行動 問題行動	
その他	

個人カルテの例

第2章 「気になる子・やんちゃな子」指導スキル24

2 情報を集める

①資料から情報を集める

　指導要録，個別の指導計画等から情報を集めます。その際，得意そうなことも把握します。その子の得意なことを生かす場面を設定し，自信や自己有用感を高めることにつなげることができるからです。

②前担任や元担任等から情報を集める

　過去に問題行動があった場合は，「いつ，どこで，誰と，どんなことがあったか，その原因」を聞きます。その子の行動を改善していく手立てが見つかる場合があるからです。また，「とった対応，対応時やその後の子どもの様子」も聞きます。指導の効果や，その問題行動が一時的なのか継続的なのかを把握するためです。さらに，養護教諭や特別支援コーディネーター等からも話を聞きます。別な視点から子どもの様子を知ることができます。

③保護者や他機関から情報を集める

　家庭訪問や個人懇談の折に，家庭での様子やその子への対応の仕方等を聞きます。また，その子が他機関に相談をしている場合もあります。保護者の了解を得てその機関に話を聞き，情報を集めます。

　①～③で集めた情報は「個人カルテ」に記録します。よりよい支援につなげ，その子が安心して学校生活を送れるようにします（参考：文部科学省『生徒指導提要』教育図書，平成22年）。

（三浦　将大）

第2章●「気になる子・やんちゃな子」指導スキル24

6 前学年までのことを把握する

ソフト編

資料や前担任・保護者等から得た情報は，指導する側から見た情報であり，一面的な捉えになっている場合があります。

適切な支援につなげる

支援が必要な子自身の視点で情報を集めることで，その子の困り感を多面的に把握できるようにし，適切な支援につなげていきます。

傾向と対策

1 本人から情報を集める

周囲からの情報も大切ですが，本人の言葉を受け止めることで，その子が必要としている支援に迫ることができる場合もあります。

①**話す場を作る**

ランチタイムミーティングと称して，クラスの子一人ひとりと給食を一緒に食べる機会を作ったり，休み時間に一緒に過ごしたりし，個別に話す場を作るようにします。

②**聞き出す**

「どんなときに，どんなことで困った経験があるのか」「どんな支援をされると安心するのか」等を本人から聞き

取ります。「○○という言葉が気に入らなくて暴れてしまった」「一人でいられる場所があると落ち着く」等，その子が表したことを記録しておき，支援に生かします。

2 ノートから情報を集める

ノートからも前学年までのことを把握することができます。その子やクラスの子にお願いし，前学年まで使っていたノートを持ってきてもらいます。

①書かれてある字や線を見る

文字がマスや行の中におさめて書かれているか，漢字のとめやはらい，画数等，細かいところまで注意を向けて書かれているか，線がまっすぐ引けているか等を把握します。

②書かれてある内容を見る

学習内容が正確に書かれているか，練習問題への取り組み状況はどうか等を，他の子のノートと比較しながら見るようにします。比較することで，例えば，書かれてあるべきことが書かれていない，取り組んだ問題ができていないなどといったことを把握することができます。

3 適切な支援につなげる

本人から聞き取ったことやノートからの情報をもとに，「落ち着ける場所を確保しておく」「座席の配置を工夫する」「板書することをあらかじめノートに書いておき渡す」など，その子の困り感に応じた適切な支援につなげます。

（三浦　将大）

第2章● 「気になる子・やんちゃな子」 指導スキル24

7 コミュニケーションがとれない子

授業中の交流，委員会活動での話し合い，当番活動中のやりとり等，学校生活を送る上で，コミュニケーションをとることは欠かせないことの一つです。ですが，「自分の考えを伝えられない」「忘れ物をして困っているのに言えない」「一緒に活動したいのに言い出せない」等，周りとコミュニケーションがとれない子がいます。

苦手意識や不安を和らげる

保護者に話を聞くと，学校と違い家庭では学校での様子を話していることがあります。その場合，コミュニケーションがとれないわけではなく，コミュニケーションをとることに対する苦手意識や不安をもっていることが考えられます。その子が感じている苦手意識や不安を和らげ，周りとコミュニケーションがとれるようにします。

傾向と対策

1 毎日会話をする

その子と会話をする場面を毎日必ず作ります。登校後，授業中，休み時間，当番の活動中等，何気なく近づき会話をします。「体調どう」「何の本を読んでいるの」「この考え方教えて」と，笑顔で語りかけます。そのとき，言葉が

出てくるまで待ったり，表情や頷きで受け取ったりとその子のペースに合わせるようにします。

また，その子の様子に応じて，「はい」「いいえ」で答えられる質問と，その子が考えて答える質問を使い分けるようにします。そして，答えたことにさらに質問し会話がつながるようにしていくことも意識します。

まずは，担任とコミュニケーションをとることで，苦手意識や不安を和らげます。

2 メモをさせる

子どもにメモ帳を渡します。忘れ物をしたときは，担任にどう伝えると良いのか，隣の人に問題のやり方を聞くときはどのように言うと良いのか等，困ったときの伝え方をメモさせます。メモさせることで，どのように伝えたら良いのかわからないという不安を和らげます。また，メモ帳は机の中に入れておき，いつでも見直せるようにするとともに，書き加えられるようにします。

3 機会を意図的に設定する

その子に役割を与え，コミュニケーションをとる機会を意図的に設定します。例えば，かぜ調べを保健室に届けに行く担当をその子にする，職員室に届け物をするときその子にお願いする等，学校の実情に応じて，様々な人と関わる場面を設定します。なお，その場合，事前にその子の実態を周知し，対応の仕方を共通理解しておきます。

(三浦　将大)

第2章● 「気になる子・やんちゃな子」 指導スキル24

8 コミュニケーションがとれない子

ソフト編

周りとコミュニケーションがとれない子は,「伝えたことをどう思われるのか」「これで合っているのか」等,自分が伝えることに不安をもっている場合があります。

不安を和らげる

事前に対策をとったり,様々な場面でコミュニケーションをとる機会を繰り返し設定したりすることで,コミュニケーションをとることへの不安を和らげます。

傾向と対策

1 事前に対策をとる

①あらかじめ伝える

交流活動を行うときは,「いつ,何を伝え合うのか」をあらかじめ伝えるようにします。また,複数で交流活動を行う場合は,交流前に順番を決めておきます。心の準備時間を設けられるようにし,不安を和らげます。

②あらかじめ見る

考えを周りの人と交流する活動を行うときは,机間巡視の際にノートを見て,その子の良い考えに波線を引いたり丸をつけたりしておきます。また,「ここ,いいね」「ナイス!」などの簡単なコメントを書くことも,「これでいい

のかな」という不安を和らげます。

なお、考えを書けない場合も考えられます。その場合は、交流した相手の考えを自分の考えと混同しないように、赤鉛筆等で写させます。そして、別な相手との交流の際に、友達の考えとして伝えられるようにします。

2 周りとコミュニケーションをとる機会を設定する

「朝の会で『最近食べておいしかったもの』等、テーマを決めてスピーチしコメントし合う」「国語の時間の最初に、隣の人と交代で音読し評価し合う」「授業の終わりに、今日の学びを伝えて、コメントし合う」等、周りとコミュニケーションをとる機会を意図的に設定し、経験を積み重ねていきます。その際、「私もそれを最近食べたよ」「ありがとう、今度は強弱をつけて音読してみるね」等のようなコメントを返すようにさせます。会話がつながることで、コミュニケーションをとることの大切さや楽しさ、自分も役立っているという有用感を味わわせます。

3 周りの子をフォローする

コミュニケーションがとれない子の周りの子は、やりとりができないことに不満をもってしまう場合があります。「いつも待ってくれてありがとう」「あなたのおかげで安心して過ごせているみたいだよ」と、周りの子の頑張りを認めたりフォローしたりし、不満を和らげます。そうすることで、コミュニケーションがとれない子も安心できる雰囲気を作ることにつなげます。

（三浦　将大）

第2章● 「気になる子・やんちゃな子」 指導スキル24

登校しぶりの子

不登校の児童・生徒数は，学年が上がるにつれて増加しています。その中でも低学年から高学年，そして，高学年から中学生では急増する傾向が見られます。ですから，小学校高学年の3年間は「学校に行きたくない」と，登校をしぶる可能性が高いと言えます。

不登校につなげない

保護者もしくは本人から，登校しぶりのメッセージが出たときは，その状態になるまで「気がつけなかった」「予防できなかった」わけですから，対応が遅れてしまっていることを自覚しなくてはいけません。

その上で，まず登校しぶりを不登校につなげない対応が必要です。

傾向と対策

担任一人で抱え込まない

初期段階だから自分で何とかするという発想では，事態を悪化させてしまうことにつながります。むしろ初期段階のうちにできる限りの対応を進めます。

まず，学年団・管理職・養護教諭などに報告し，対応について協力体制を作ります。チームで対応することによっ

第2章 「気になる子・やんちゃな子」 指導スキル24

て,客観的視点をもつことができ,様々な対応策が生まれます。

担任に対する不信感などが原因と考えられる場合は,担任以外の教師が対応することもできます。そういった意味でも,「チーム」の存在は,心強くもあり効果的でもあります。

2 スピード感のある動き

子どもが学校に行きたくないとなれば,保護者の心配は担任の比ではありません。子どもの訴える内容によっては,学校に対して不満を抱いている場合もあります。そんな中,担任の対応が後手になってしまうと,その不安や不満はさらに大きくなり,解決への道が険しくなりかねません。

チームでの相談を踏まえながらも,スピード感のある対応が保護者を安心させることができます。大切なことは,教師からのアプローチを続けること,そして,登校をしぶっている子どもに適した方法で接することです。

例えば,家庭訪問があります。自分が落ち着ける場所である自宅で顔を合わせることが,落ち着いた話し合いにつながることがあります。

また,放課後の学校に来ることも一つです。登校時間かどうかではなく,学校で過ごす時間があるということが,一歩前進につながるからです。

他にも,電話や手紙など,状況に合わせた手段を見つけることが解決につながります。

(西村　弦)

第2章● 「気になる子・やんちゃな子」 指導スキル24

登校しぶりの子

実際に子どもが行きたくない理由は，一人ひとり違います。その理由は，教師にとっては他愛のないものと感じたり，本人の勘違いと思ったりすることもあります。しかし，一度でも否定してしまえば，もう子どもは話す気力を失ってしまい，登校しぶりから不登校へとなってしまう可能性が高まります。

本音を語りやすい環境・関係を

登校をしぶるということは，何かしらの不安や不満を抱えていることが考えられます。ですから，解決に向かうには，まず登校をしぶっている子どもが自分の思いを語りやすい環境・関係が必要になります。

傾向と対策

1 場の設定から気配りを

まず，話す場の設定をします。ハード面では家庭訪問や放課後の学校を例として挙げましたが，何よりも子どもや保護者の希望を聞くことも大切です。そのような場を設定することで，安心感を保障し，子どもが本音を話しやすくなるようにします。

例えば，自分の教室です。一番長く過ごす空間という意

味では，安心感があると考えられます。しかし，登校しぶりの原因が教室内にあれば，安心して話す場としてはふさわしくない場合もあります。

ですから，教師が場所を一方的に決めるのではなく，他にも保健室や図書室などいくつかの選択肢を提示して，本人が選べるようにします。

2 聞くときは「繰り返し」と「相槌」で

話を聞いているときに，子どもの話を否定したり，違う行動をすべきだったと指導したりしません。もちろんそれが必要なときもありますが，まずは，すべてを受け止めます。そのために「繰り返し」の反応が効果的です。

子ども：「体育の跳び箱がいやだったんだ…」

教　師：「そうか，体育の跳び箱がいやだったのか…」

というように，繰り返します。そうすることで，子どもは自分の思いに共感してもらえたと感じます。また繰り返されることで考えを整理することにもつながります。

3 学校で過ごすための作戦を立てる

子どもからは，「これまで」の話が中心になります。それを受け止めながら，教師からは「これから」の提案をします。相手がいる悩みであれば，すぐに解決できないこともありますが，どんなに小さくても良いので解決につながる約束をします。例えば，本人が望む場合は，相手に気持ちを伝える時間をもったり，毎日帰りに一日がどうだったか話す約束をしたりするなどがあります。

（西村　弦）

第2章● 「気になる子・やんちゃな子」 指導スキル24

恥ずかしがる・表現できない子

みんなの前で発表するときに、恥ずかしがってしまう子、自分の考えをうまく表現できない子がいます。

高学年になると、「この学年のレベルではこれぐらい表現できなければならない」といった意識を教師も子どもたちも互いにもつことは大切です。その方がより高みを目指した学習活動を行うことができるからです。しかし、その意識をもったとしても、心の発達や能力的な理由からできない子がいます。

心の状態、能力を考えた表現活動の工夫

表現することが苦手な子も積極的になり、自分の力を出せるようにしたいものです。少しでも自信をもって表現できるように、その子の心の状態や能力を考慮した表現活動の工夫を行います。

傾向と対策

1 学習活動の工夫

①書く活動による個人思考

書く活動を積極的に取り入れます。本人が自分の考えを整理し、より自信をもって発表するためです。書けない子に対しては、ヒントとなる言葉や文章、補助資料を提示し、

選択させたり，端的にまとめさせたりするよう助言します。
②ねらいを明確にした多様な学習形態
　ペア・グループなど，多様な学習形態を取り入れます。その際，目的をはっきりさせておくことが重要です。例えば，「小集団での活動で発表への自信をつける」という目的をもって活動できるように事前指導します。
③発表の順番の工夫
　グループの中に，発表が得意な子とそうでない子がいます。考えがしっかりとしている子の意見だけでも話し合いを進め，まとめることはできます。しかしそれだけでは，恥ずかしがる子は発表に自信をなくしかねません。表現できない子はさらに表現しづらくなる可能性もあります。発表の順番をグループ内で考えさせ，自信がない子から発表させていきます。

2 様々な表現方法の工夫

　言葉の表現にこだわらず，様々な表現手段を使っても良いことを伝えます。そうすることで，自信がない子も「この方法なら表現できるかも」という思いをもてるようにします。

　ミニホワイトボード，紙芝居，絵，タブレットなどを使って，文字だけでなく，画像，映像を使えるような環境を整備します。教科の学習の中だけでなく，係活動など様々な場面でこのような経験を積ませて自信をつけさせます。

（齋藤　知尋）

第2章● 「気になる子・やんちゃな子」 指導スキル24

12 恥ずかしがる・表現できない子

恥ずかしがる・表現できない子の背景には，不安があります。その不安の反対は「安心」です。安心できる学級集団の中では，恥ずかしさが薄れ，より自信をもって表現できるようになります。

安心して表現できる学級集団づくり

「自分の思いや考えを言っても大丈夫」と思えるような安心できる学級集団づくりを行います。そのためにも，温かく，他の子の意見を認め尊重する雰囲気づくりを進めていくことが必要となります。

傾向と対策

1 学級全体の「温度」を上げる

学期はじめ，週明け，授業の導入などで，学級の温度を上げる活動を行います。例えば，構成的グループエンカウンターやソーシャルスキルトレーニングと呼ばれる，より人間関係づくりのためのエクササイズを繰り返し行います。

このような取り組みを通して，人間関係を温め，安心して表現できる素地を作ります。

第2章 「気になる子・やんちゃな子」指導スキル24

2 学級全体で「理解・受容」する雰囲気を作る

周りの子たちが「恥ずかしがる・表現できない子」を理解し，受容できるようにします。

①担任が率先して行う「理解・受容」

担任が率先して理解と受容を行います。そのポイントは3点あります。一つめは，その子なりの頑張りを理解することです。二つめは，待ってあげることです。「いつかできるようになればいい」という長期的な視野をもちます。三つめは，できたことを伝えることです。その子なりの頑張りを直接的に伝え，自分の成長を感じさせます。

②子どもたち同士で理解・受容し合う場の設定

例えば，帰りの会などに，隣の子の頑張ったことをカードに書き合って，交換します。どの子も，子ども同士で理解・受容し合える取り組みを定期的・継続的に続けていく中で，恥ずかしがる子や表現できない子も少しずつ自信をつけていくようにします。

3 サポート役の子を作る

安心感と自信をもたせるために，サポートする子を作ります。例えば，「練習サポート」として，発表練習をする活動の際，仲の良い子に依頼し，練習相手になってもらったり，助言をしてもらったりします。また，「発表サポート」として，隣の席の子に，言うべき言葉を小さな声や指さしで教えてもらったり，発表を一緒に手伝ってもらったりします。

（齋藤　知尋）

第2章● 「気になる子・やんちゃな子」 指導スキル24

自信がもてない・一人で動けない子

　自分と他者を比較することでの劣等感。自己選択・決定し，行動することの経験不足。これらの理由から一人で動けない子どもが見られます。そして，思春期にあたる高学年では，一人で動くことに恥ずかしさを感じていることもあります。

一人で動ける必要

　教室は，偶然に集まった人たちで構成される集団です。その中で，自分の思いや考え，願いを大切にし，「自分らしさ」を構築していくためには，一人でも行動できることが必要です。そのためには，先が見通せるように場を工夫し，自信をもって行動することができるようにします。

傾向と対策

1　見通しをもたせる

　一人で動けない子どもの中には，見通しがもてないことで不安になり，その不安感から自信がもてず，一人で行動できない子どもがいます。先が見通せないため，次の学習では何をするべきか，周囲を気にすることになります。そのことが，自分と他者を比較し，「早くしなければ……」「できていない……」などの不安感や劣等感につながりま

す。そのため，学習内容や活動の流れを可視化します。

例えば，１時間の学習の中に，個々で進めていかなければならない場面があれば，黒板に「①考えをノートに書く→②立ち上がって交流相手を見つけて，交流する→③交流したことをノートに付け加える→④また交流相手を見つけて，②～③を繰り返す」というような活動の流れを可視化しておきます。このように見通しをもたせることが，不安感を軽減し，一人でも行動できることにつながります。

２ 一人で動く場面を設定する

学校には，掃除当番や給食当番など，みんなで協力して取り組まなければならないものがあります。高学年であっても，掃除当番や給食当番を細分化し，一人ひとりに役割が与えられている組織にします。その際，それぞれの役割が何をしなければならないかということを明確にしておきます。そうすることで，「一人で動けた」「一人でやれた」という実感がもてるようになります。

また，黒板消し係や配布係など学級内のちょっとした係もグループではなく，個人に割り当てます。日常的な係活動を個人に割り当てることで，一人で動く経験を日常的なものにし，積み重ねていきます。その際，成功したときには全体で，失敗したときは個別に声をかけるようにし，褒めたり励ましたりします。そうすることで，一人で動けない子どもや自信がない子どもが「自分から取り組んでみよう」と思えるようにしていきます。

(木下　尊徳)

第2章●「気になる子・やんちゃな子」指導スキル24

自信がもてない・一人で動けない子

ソフト編

　自信がもてなかったり，一人で動けなかったりする子どもには，成功体験が必要です。そのためには，「動かない」のではなく，「動けない」のだという視点をもち，教師や仲間からの声かけ・評価することが重要です。

成功体験のために

　動けない原因は，大きく2つ考えられます。

①自己決定し，動いた経験が少ない
②動いてきたが，失敗を重ね，委縮している

　どちらも子どもがこれまでに経験してきたことによるものです。そして，どちらも今後の成功体験の積み重ねが，必要です。

傾向と対策

1 話を最後まで

　自分の思いや考えを最後まで表現することなく過ごしてきたため，自分に自信がもてないことがあります。それは，周囲の人たちが，最後まで表現する前に思いや考えをまとめ，代弁してきたことによるものです。

　そうした子どもたちにあっては，最後まで自分の思いや

考えを聞いてもらえる場面を設定します。例えば,帰りの会でその日に学んだことを伝え合う場面を設定します。その際,話し手と聞き手を分け,自分の言葉で最後まで話し,聞いてもらう経験を積み重ねます。こうした,最後まで表現することができたという成功体験が,その後の自信へとつながります。

2 子ども同士での声かけ

思春期の子どもたちにとって一番気になる関係は,子ども同士のつながりです。自分と他者を比較し,自分がどう見られているかを気にします。

そうした時期にあっては,教師の声かけ以上に,子どもたち同士での声かけが重要です。お互いがお互いの良いところを「何となく」ではなく,具体的に伝え合います。

例えば,2人1組になり,お題の図形を1人が言葉だけで説明し,もう1人がその説明を聞いて図形を描きます。次に違う図形で役割を交代して描くというゲームをします。その後,「こんな言葉がわかりやすかった」と,子ども同士がお互いの良いところを見つけ,声をかけ合います。

そのような場面を継続して設定することで,はじめはなかなか伝えられない子どもでも,少しずつ言葉かけを学び,認め合うことで,子どもたちの自信や安心感へとつながります。そして,その自信や安心感が様々な課題に挑戦してみようとする一人で動く意欲につながります。

(木下　尊徳)

第2章● 「気になる子・やんちゃな子」 指導スキル24

15 生活リズムが良くない子

朝からぼうっとしている子がいます。ときには机に突っ伏して授業を聞いていない姿まで見せます。家での様子を聞くと，夜中までゲームに興じていることも少なくありません。当然，学校生活にも支障を来します。

可視化し，改善へ意欲付けする

生活リズムの改善が難しいのは，それが習慣化していることにあります。身についてしまっている習慣をよりよいものに更新するためには，我慢や忍耐も相当必要ですから，腰を据えて取り組む必要があります。どのような状況にあるのか，それがなぜまずいのか，本人の自覚を促すとともに，家庭の理解と協力が必要です。

傾向と対策

1 現状を把握する

学校以外の生活時間を3つに分けて把握します。①帰宅してから夕食までの時間，②夕食から就寝までの時間，③起床から家を出るまでの時間です。「何時にどこで何をしているのか」を本人から聞き出し，紙に書き出していきます。この段階ではまだ指導しません。正確な事実の把握に努めます。

第2章 「気になる子・やんちゃな子」指導スキル24

習い事や少年団などで曜日ごとに違うという場合には、それぞれ別にまとめていきます。

2 弊害を整理する

時系列に整理していくと、「生活リズムが崩れる原因」が浮かび上がります。次に、「生活リズムが崩れていることで、何が失われているか」をその子どもと確かめます。

・朝、すっきり起きられないので気分が良くない。

・午前中の授業が頭に入らない。

・友達と楽しく過ごせない。

など、「その子自身が感じていること」を中心に話します。自分で認識できていない部分には、「お母さんも起こすのが大変だよねぇ」など、「教師から見て損しているな」と思うことを伝えますが、説教にならないように注意します。弊害を確認したら、「もっと良くなる自分」をイメージさせます（ソフト編参照）。生活リズムが整うことで、どんなことができるようになるか、その結果、どういう得をするのかを話し合います。

3 家庭の協力を得る

整理して話したことを家庭に伝え、「本人が頑張ろうとしていること」「目配りと声かけをお願いしたいこと」を伝えます。できれば家庭訪問や個別の面談を行って、直接顔を合わせて相談します。

この際、本人が考えている生活リズムと、保護者の方の認識が違うことがありますので、ズレを修正しながら「事実」をもとに話します。　　　　　　　　（藤原　友和）

第2章● 「気になる子・やんちゃな子」 指導スキル24

16 生活リズムが良くない子

ソフト編

生活習慣をいきなり変えることはできません。昼夜逆転に近い生活を送っている子どもが，いきなり朝型の生活にはなりませんし，一進一退の日が続くと，意欲も失われがちです。生活リズムを整えるには長期的な作戦が必要です。

スモールステップで取り組む

「実現可能な取組」で自信をつけ，意欲が持続するようにすることと，成功に対してそれを強化する「ご褒美」を設定すること，それらを「可視化」するシステムを敷くことが必要です。

傾向と対策

1 目標を決める

①**理想の自分に近づくための長期目標を設定する**

「夜は○時までに寝て，朝は○時に起き，勉強もスポーツもバリバリこなす自分になる」というように，目標を定めます。そして，その結果起こる好影響も言語化します。「算数のテストで90点以上連発！」「友達と気分よく，楽しく過ごす」など，イメージを明確にします。

②**実現可能な短期目標を決める**

その子の実態にもよりますが，「現在よりも10分早くべ

第2章 「気になる子・やんちゃな子」指導スキル24

ッドに入り，10分早く起きる」という程度の短期目標から始めます。達成できたかどうか記録し，期間を決めて振り返ります。3日〜1週間程度がいいでしょう。本人にも，家族にも，担任自身にも過度な負担にならないサイクルを設定します。

2 生活表をつくる

	○月○日( )
7時	起床
8時	登校
⋮	
16時	下校
17時	
18時	
19時	夕食

やること
☑ 漢字ドリル
□ 算数プリント
□
□
□

決めたサイクルで振り返りができるように，生活表をつくります。夏休みに配布するプリントのようなイメージです。A4判に印刷してファイルすると，取組の様子を記録することができます。これは「努力の見える化」でもあります。

3 家庭に協力してもらい，「ご褒美システム」を敷く

「現在よりも10分早くベッドに入り，10分早く起きる」ことができたら，担任がチェック欄にシールを貼ります。そのシールが10個貯まったら，家庭に協力してもらい，「おやつは大好きな○○」など，ささやかなご褒美をつくります。高価なものでは長続きしませんし，ご褒美がなくなったら元に戻るようでは意味がありません。あくまでも目標が先にあり，努力を続けた印としてのご褒美です。

（藤原　友和）

第2章● 「気になる子・やんちゃな子」 指導スキル24

整理整頓ができない子

ハード編

　自分のロッカーからものが溢れている，机の中のものがはみ出している…という子どもがいます。こういう子どもたちは，すぐものをなくしたり，頻繁に忘れ物をしたりすることがあります。自分ではあまり困り感をもたないことが多いのですが，周りからは「だらしない子」と思われることがあります。

整理整頓できない理由

　整理整頓ができない理由としては，次のようなことが考えられます。

　①整理整頓の仕方がわからない

　②整理整頓の必要性を感じていない

　これらの理由の背景には，特別な支援を要する場合があったり，家庭の影響があったりします。しかし，根気強く指導し，整理整頓の心地よさや利便性を実感させていくようにします。

傾向と対策

具体的な形を教える

　子どもたちの道具箱や机の中を見ると，力任せにギュッと押し込んで，入りきらないものが辺りに散乱しているこ

とがあります。そこでまずは，基本となるものの角と角，辺と辺を揃えて収納することを教えます。このとき，片付けの見本として，写真や絵を掲示して，可視化することも有効です。掲示に関しては教室の掲示板でも良いのですが，道具箱のふたに貼るなど，片付けるときにすぐに目に入るところの方がより効果的です。

2 片付ける時間を決める

片付ける量は時間が経つと増えてしまいます。量が増えると整理するのに時間がかかってしまうので，余計にやりたくなくなってしまいます。そこで，3日に1度程度，整理する時間を決めます。最終校時が終了したら，すぐに「片付けタイム」を設定し，自分の棚や道具箱を一斉に整理させます。長い時間はいりません。1分間で集中的に行います。この「短い時間」がポイントです。「片付け＝面倒くさい」という感覚をなくすことがねらいです。なお，整頓する前とした後の違いを写真に撮って見せると，整頓の気持ちよさを実感することができます。

3 私物はすぐに持ち帰らせる

絵の具セットや習字セットなど，特別な道具を教室に置きっ放しにさせないことも重要です。使い終わったら，特別な理由がない限り，その都度，家に持ち帰らせます。帰りの挨拶の直前などに「自分の絵の具セットを机の上に置きましょう」と指示することで，持ち帰りを忘れないようにします。

（山口　淳一）

第2章● 「気になる子・やんちゃな子」指導スキル24

整理整頓ができない子

　整理整頓の大切さをいくら説明しても，苦手な子はどんな学級にも必ずいるものです。担任は，今のうちに絶対にできるようにしてやろう，などとは思わないことです。そういう思いが強すぎると，そればかり気になり出して，叱ることが多くなってしまいます。地道な指導を継続していく覚悟を決めて，整理整頓を身につけさせていきます。

片付けやすい環境を整える

　「ほら，またものが落ちているぞ！」「何度言ってもできるようにならないなぁ」などと場当たり的に叱っても，ほとんど効果はありません。しかも，子どもはやる気を失っていきます。もちろん，個別の指導は必要ですが，子どもが自発的に片付けられるような環境を教室内に生み出していくことも大切なことです。

傾向と対策

1 教室はいつも整頓しておく

　教室全体が散らかっていると，何人かが整頓できるようになったくらいではきれいになったと感じられません。散らかった教室で過ごすことで，片付けをしない状態が子どもにとっては普通になってしまい，散らかっていることに

鈍感になってしまいます。ですから，整理整頓ができた教室の中で過ごせるよう，担任が教室環境を整えてあげることが大切です。

2 あえて困る経験をさせて，励ます

　教室がいつも整っていると，整頓が不十分な部分が目立ってしまいます。しかも，整頓できていないと，どこに保管したかが自分でさえわからなくなってしまうこともあります。担任としては，つい声をかけて直したくなりますが，しばらく見守ってみることも時には必要です。授業で使うものがすぐに出せなくて困ったことも出てきます。そんなときは「ちゃんと片付けていれば，すぐに出せたよね」「どうしたら，次は困らないかな」などと，声かけして一緒に考えます。実際に経験して考えることでわかることもあるのです。ただ，けっして片付けられないことを責めたり，怒ったりはしません。本人は，もう十分困っているからです。

3 気持ちよさを共有する

　上手に教室環境が整えられたら，「整頓されていると便利で，気持ちがいい」ということを学級みんなで共有します。整頓された状態を写真に撮って掲示したり，整頓の過程をビデオで撮って見たりすることも効果的です。自分が整理すると，学級みんなの役にも立つんだということを実感させます。そうすると，子どもたちは整頓された教室であることが嬉しくなってきます。そして，この状態を維持したいと考えて，行動するようになります。（山口　淳一）

第2章●「気になる子・やんちゃな子」指導スキル24

動作が遅い子

学習内容が高度になる高学年は，様々な活動における作業速度の差も大きくなります。

動作の遅い子には大きく２つのタイプがいます。生活経験の不足や性格的な問題で動作が遅い子。そして，やる気がなかったり，自分はできないと思い込んでいたりするなど気持ちの問題で動作が遅い子です。

前者をそのままにしておくと，学習内容が身につかなかったり，からかいの対象とされたりします。後者をそのままにしておくと，指示に従わなくても我慢すればやり過ごせるという悪しきヒドゥン・カリキュラムとなります。

動作の遅れを縮め，ゼロに近づける

動作の遅れは，教師の指導と支援によってできるだけ目立たない状態にします。そして，最終的には自分で他の児童に追いつけるようにしていくことが必要です。

傾向と対策

１ スモールステップを取り入れる

スモールステップで全員が参加できるようにします。
「必要な道具は机にありますか？班長さん確認して！」
「日付と課題を書きます。書けたらお隣を覗いてごらん」

「教科書の○頁，問2に指を置きなさい。隣と確認して。では，全員で読みます。さん，はいっ！」

スモールステップを取り入れることで他の児童との差が生じにくくなります。また，「一緒にできた」という成功体験が意欲につながります。

2 待たずに進む

スモールステップを取り入れてもついて来られない子がいる場合は「待たずに進む」ことも一つの方法です。

①先生は待ってくれるものという認識を覆す

動作の遅い子に「先生は待ってくれない」ことを意識させ，みんなが行っている作業へ目を向けさせます。

②他の子の空白の時間をなくす

待つことで動作の遅い子に注目が集まります。先に進むことで「あいつのせいで…」という周囲の目をなくします。

③全体への指示の後，個別支援で救う

待たずには進みますが，具体的な支援を机間巡視の中で行います。「式に使う数字を丸で囲んでごらん…」等々。

3 気持ちの問題

気持ちが乗らなくて動作に入らない子がいます。そのような子には次のように伝えます。「教室は家とは違うのだから何でも自由にはできないんだよ」「好きや嫌いは自分で決められるけど，勉強のように必要なことはやるしかないんだよ」。内容が劣っていても活動をしたことを認める声かけが次の活動でのやる気につながります。

（山本　和彦）

第2章●「気になる子・やんちゃな子」指導スキル24

20 動作が遅い子

高学年になって動作が遅い子は，これまでに，自信を失ったり自己評価を下げたりするような場面にたくさん出くわしているはずです。自己効力感を感じさせるような指導が大切です。成功体験を積ませる中で，ゆっくりでも自分で前に進めるような手立てを考えます。

動作を遅れさせる要因を特定する

動作が遅い子は，なぜ動作が遅くなってしまうのでしょうか。遅さの理由に目を向け，その子の抱える困難さと向き合うことで，必要な支援の手立てを考えましょう。

傾向と対策

1 集中できる環境を作る

休み時間に友達と遊んでいるときは普通に行動しているのに授業になると取りかかりが遅い……。そんな子は周囲の環境に影響を受けているのかもしれません。まずは，集中できる環境を作ります。

・教室前方の掲示物を極力減らす。
・黒板に余計なものを貼らない。
・授業中に無音の時間帯を作る。

第2章 「気になる子・やんちゃな子」指導スキル24

2 効率的な段取りを教えてあげる

　学習道具の準備や道具を伴う活動などで動作が遅い……。そんな子は道具を準備したり，使ったりといった生活経験が乏しいか，あるいは効率の悪い仕方で覚えているのかもしれません。

　授業中，机の上にたくさんの道具を広げている子がいます。色ペンを探すうちに鉛筆が机の下に転がってしまいました。拾っている間に他の子たちはもう次の活動へ……。そこで，道具を整理することの大切さを指導します。
「机の上にものがたくさんあると探すのに時間がかかるよね。それに，机からものが落ちたりもしやすくなるでしょ。だから，必要なものだけ出すようにしようね」

　使う道具の多い図工科や書写の時間なども，同様に準備の仕方や整えてから作業に入ることの利点を伝えます。さらに，次の活動に何が必要かを考えたり，時間の目安を伝えたりすることで段取りの大切さも実感させます。

3 「努力の過程」を褒める

　高学年で動作が遅い子は低学年から指導を受け続けていることが多いです。中には嫌気がさしている子もいます。そのような子たちに対しては「努力の過程」を褒めることで，モチベーションを向上させます。
「□分で△△ができるなんて，とても頑張ったね！」
「○○をするようになったら，活動が素早くできるようになったね。良い方法だったよ。これからも続けようね！」

　　　　　　　　　　　　　　　　　　　　（山本　和彦）

第2章● 「気になる子・やんちゃな子」 指導スキル24

21 じっとしていられない子

じっとしていられない子といっても、それぞれの背景は異なります。どうしてそのような行動に至っているのか。一人ひとりの分析を丁寧にしていく必要があります。

困り感を把握する

じっとしていられない状況を4W1H（Whatは除く）で整理して、確認することが大切です。どの要因が強く関係しているのかを分析し、その子の困り感を把握します。

傾向と対策

1 原因を記録する

① When（いつ）

どのタイミングで起こりやすいかを記録します。

例）授業中→集中していない・体調が優れない

　　授業終了間際→早く遊びたい・トイレに行きたい　等

② Where・Who（どこで・誰が）

環境要因と人的要因を関連させながら記録します。

例）教室環境が煩雑かどうか・集中の妨げになるものがあるか・話をしたい友人が視界にいるかどうか　等

③ Why（なぜ）

なぜじっとしていられないか、その子の背景を探ります。

第2章 「気になる子・やんちゃな子」指導スキル24

1）特別支援的要素がある

この場合は，コーディネーターや管理職と相談しながら具体的な方策を考えます。

2）他に興味を示すものがある

この場合は②と関連させ環境を整えるようにします。

3）緊急を要する（尿意・腹痛など）

体調が優れない場合は，我慢せず担任に知らせるように伝えます。誰もが言いやすい環境を整えます。

④ How（どのように）

大声を出す・離席する等，行動はさまざまあります。4Wと関連させながら起きた行動種を記録し，傾向を探っていきます。

2 結果を分析する

このようにじっとしていられない原因を分析していくと「じっとできない子」と「じっとしない子」に分類することができます。前者の場合は「環境要因と人的要因」が強く関係することが多いため，集中しやすい環境を整えることが先決です。叱責するとかえって困り感を増幅させる恐れがあります。じっと見つめたり手を振ったりして切り替えさせたり，「今何をする時間なの？」と聞き返すようにします。また，後者は原因が特定されずに引き起こされることが多いです。「どうしてそういう行動をしたのですか？」と聞き返したり，「どうぞ，待っているので話してください」と伝え，周りが注目する時間を与えたりするなど，毅然とした態度で指導します。　　　　　（鈴木　綾）

第2章● 「気になる子・やんちゃな子」指導スキル24

じっとしていられない子

人にはそれぞれ苦手とすることがあります。じっとしていられない子は、「じっとすること」が苦手なのです。その苦手を克服できるよう支援をしながら、一人ひとりが過ごしやすい環境を整えなければなりません。

「しない」子と「できない」子

じっとしていられない子は「じっとしない」子と「じっとできない」子に分けられます。どの子も過ごしやすい環境にするためには周りのサポートが欠かせません。

傾向と対策

1 じっとしない子

原因：やる気がない・興味がない・学級内のカーストが出来上がり、上位層の立場にある　等

まず、学級全体で「私語や立ち歩き等は互いに注意し合う」というルールを作ります。また、その子の親しい友人に「そうされると迷惑だよ」と注意してほしいことをお願いし、協力を求めます。一人だと言いにくい場合は担任か近くの友人に伝えるようにし、ダメなことはダメときちんと言える関係を築いていきます。

第2章 「気になる子・やんちゃな子」指導スキル24

2 じっとできない子

原因：無意識の行動・特別支援的要素をもっている・早く
　　　○○したいという別の欲求を優先させている　等

　まずは，その子が「じっとしていることが苦手」であることを学級全体に理解してもらいます。その後，学級全体に「今は○○する時間だよ」「○分間はしゃべるのは禁止だよ」などと具体的にどうしてほしいのかを伝えながら，注意するようにしてほしいことを伝えます。

3 居心地の良い環境

　注意の仕方を「ちゃんとして」「なんでできないの」から「そうされると嫌だな」「今は○○するんだよ」と変えることで，学級全体に温かい雰囲気が醸成され，互いに個性を理解し，苦手を補い合う関係になります。

　しかし，いくら優しく注意し合える関係ができていても，じっとしていられない子の中にはストレスを感じる子がいます。その子がストレス過多にならないように，個別に話を聞いて徹底したケアを行います。

じっとできない子	いつでも話を聞くので，一人でため込まないでね。
じっとしていられない子に対する，苛立ちや文句が目立つ子	・○○さんはみんなにたくさん迷惑をかけている。でも，○○さんが変わるためには，みんなの協力も必要なんだ。イライラする気持ちはわかるけれど，もう少し協力してもらえないかな。 ・○○さんに対して「何で…」と思うこともあるだろうけれど，わざとしているわけではないから，強く怒鳴ったりしないで，今は何をすべきか優しく伝えてあげてほしいな。

　認め合い支え合える関係が，じっとできない子のイメージを変えることにつながっていきます。　　　（鈴木　綾）

第2章● 「気になる子・やんちゃな子」指導スキル24

不安の強い子

不安とは，気がかりで落ち着かない心の状態です。これから取り組むことの見通しがもちにくいときに不安な気持ちは起こります。

不安の強い子は，「うまくできるかな？」「失敗したらどうしよう」と考え込んでしまうのです。

見通しをもたせる

不安の原因をはっきりさせ，どうしたらいいのかという対処の仕方が明らかになれば不安を和らげることができます。原因や対処法を書き出し，成功へのロードマップが思い描けるようにします。

運動会を例に考えてみます。

傾向と対策

1 気がかりな点を明らかにする

何が不安の原因になっているのかを考えさせます。

「できない」「失敗しそう」と漠然とした不安があるとき，「どうして，そう思うのか」を尋ね，書き出させます。「リレーのバトンを落としたらどうしよう」「体操が苦手だ」「大きな声を出すのが恥ずかしい」といった不安のもとになっていることが自覚できるようにします。

第2章 「気になる子・やんちゃな子」指導スキル24

不安の強い子／ハード編

2 練習スケジュールを立てる

不安の原因を書き出すことで,どうしたらいいか対策が考えられるようになります。

今度は,どんな準備をしたらいいかを書き出させます。いつまでに,どの程度できると良いか,スケジュールを細分化します。小さな目標を立て,クリアしていくという成功体験をたくさん重ねていくことで,不安を解消していきます。

3 成功をイメージさせる

「バトンを落としても大丈夫」「失敗してもいいから,思い切って踊ってごらん」「恥ずかしがらずにやってごらん」。

失敗に対してネガティブな印象を与えないようにしようとすると,「失敗しても大丈夫」という声かけをしてしまいがちです。しかし,これは失敗している映像を頭に思い浮かばせる声かけになっています。

「バトンがうまく渡った様子を想像してごらん」「今まで元気に踊れていたよ」「自信をもってやってごらん」と,うまくいっている自分の姿をイメージさせる声かけにすることが大切です。

上手にできたときの練習の様子や過去の映像が残っているときは見せてあげるのも効果的です。成功のイメージをもたせたり,全体がどのように進行していったりするのかを視覚的にイメージさせることで,不安な気持ちを起こさせないようにします。

(高橋　正一)

第2章●「気になる子・やんちゃな子」指導スキル24

不安の強い子

小学校高学年は、自意識の高まりから、周りからどう見られているかが気になり、人間関係への不安が高まる時期です。「孤立」・「突出」を恐れる気持ちから、なかなか一歩を踏み出せなくなります。

勇気を育てる

一人ぼっちにならないか、みんなから浮いてしまわないかという不安が大きくなると、なかなか発言や行動に移せなくなってしまいます。

「一人でも大丈夫」というメッセージを送り、自立に向けた勇気を育てます。

傾向と対策

1 一人を価値付ける

周囲の視線が気になるということは当たり前のことです。その上で、「一人でも大丈夫」だというメッセージを伝えます。「自立」とは、集団と離れて一人で進んで行けることで、決して「孤立」ではないのです。

一人で決断できたり、一人でも行動できている子を取り上げたりして、モデルとして価値付けます。

「手を挙げてみんなの前で発言をした」「黙々と掃除に取

り組んでいた」という評価を学級全体に伝え，よさとして広めていきます。

2 日常的なトレーニングを行う

話し合いをするときは，まず自分の意見を書き出させます。一人で考える時間を確保することが大切です。いきなり発言させようとしても，「手を挙げるのは自分だけかもしれない」「間違えたら恥ずかしい」という不安から，なかなか発言できないものです。書き出した後にペアやグループで交流する時間をとり，友達と考えを出し合うことで不安な気持ちを和らげることができます。

他にも，1人で1つの係を受け持って仕事を行う，日直を1人ずつの輪番にしてみるなど，一人でやる，という経験を多く積ませ，「一人」に慣れさせます。

3 周りからの評価をおくる

日直や係としての役割を果たしたときや，行事の練習の振り返りを行うときなど，機会があるごとに子ども同士の相互評価を行います。

頑張りを認める友達からの評価を得ることで，受け入れられているという実感がもてるようになります。また，友達の頑張りやよさを出し合うことは，一人ひとりを認め合う学級づくりを進める上でも大切なことです。

子ども同士の相互評価を取り入れ，一人ではないという体験を多く積ませます。

（高橋　正一）

「学習規律・生活規律」
指導スキル16

第3章●「学習規律・生活規律」 指導スキル16

① 行事への意欲を高める

　行事は，望ましい人間関係を形成し，集団への所属感や公共の精神等を育成していくことをねらいとしています。ねらいを達成できるよう，子どもが互いに助け合って楽しく行事に取り組みたくなるような工夫が必要です。

内面を探る

　行事への意欲を高めることができない理由は，人それぞれ異なります。ですから，教師には同一の指導法ではなく，それぞれの理由に適した指導・声かけが欠かせません。

傾向と対策

1 子どもたちの背景を探る

　行事への意欲をもてない子が抱える原因は大きく3つに分けられます。

（1）見通しがもてないと意欲を高められない子

　このような場合，行事に取り組む事前の準備をしっかりと行います。例えば，上の学年から昨年の様子がわかる映像を見せてもらったり，行事の取り組み方について聞きに行ったりします。どのような姿勢で，どのようなことを取り組むと良いのかということと合わせて，練習の日程や内容なども提示し，具体的な見通しをもたせるようにします。

第3章 「学習規律・生活規律」指導スキル16

（2）運動すること・人前で発表すること等が苦手な子

意欲の低い子に「頑張りましょう」と言っても，意欲が高まりません。ですから，「先週よりタイムが縮んでいますね」「前よりも真剣な顔つきになっていて素敵です」など，その子自身の成長を具体的に褒めるような声かけをします。他者と比較するのではなく，自分自身の変化に目を向けることを伝え，やる気を持続させるようにします。

（3）行事自体が面倒だと考えている子

この場合は，面倒に感じている原因を確かめる必要があります。一生懸命やることに恥ずかしさを感じている場合は，参考映像を見せながら，「一生懸命取り組んでいる人はとてもかっこいいですよね。上手くなくても結果が出なくても，その姿が素敵なのですよ」と伝えます。また，少し手を抜いても大丈夫と考えている人には，「一人の怠惰な行動が全体に迷惑をかけている」ことをしっかりと伝えます。

2 ゴールを共有する

参加意欲の高さを人と比べることは難しいです。ですから，行事に取り組む際，一人ひとりに目標をもたせ下図のように一人ひとりの目標達成度を可視化します。

目標に近づいたら，自分の磁石をゴールの方へ動かすよう伝えます。全員が目標を達成できるよう，工夫を凝らしながら楽しく参加できるようにします。 （鈴木　綾）

第3章●「学習規律・生活規律」指導スキル16

行事への意欲を高める

多くの子は「行事はみんなで協力して楽しみたい」と思っています。教師はクラス全員がまとまって協力し合いながら取り組める環境を作っていく必要があります。

クラスのまとまりを難しくさせているもの

行事への意欲が高まらない原因に，クラスのまとまりが弱まっていることがあります。クラスのまとまりを難しくさせている理由を分析し，まとまりのある環境を整えます。

傾向と対策

1 子どもの心情分析

行事に対する考えは，大きく4つに分類されます。

(1) 楽しめるし，早くやりたい

①は理想形です。困ったり悩んだりしたときも友達と支え合いながら目標に向かうことが可能です。

	友達関係が良好	
②		①
不安要素がある		不安要素がない
④		③
	友達関係が険悪	

(2) 楽しみたいけどひっかかる

②はみんなで一緒に頑張りたいという気持ちはあるけれど，「運動が苦手」「失敗したらどうしよう」などの悩みを抱えている形です。この場合，仲の良い友達のサポートを得ながら安心材料を増やしていき

第3章 「学習規律・生活規律」指導スキル16

ます。そして「結果は出なくてもみんなでやれば楽しい」という思いを高めます。

(3) 楽しみたいのにひっかかる

③は，行事は好きだけど友人関係で悩んでいる形です。この場合は早急に実態把握を行い，深刻度を確かめます。周りからの声かけで対応できる場合は，「一緒に練習しよう」「〇〇はすごいね」などの温かい声かけをお願いし，安心感を築きます。ここに分類される子は学級への所属感が低下していることが多いので，「あなたがいないと，このクラスは成り立たないこと」をしっかりと伝えます。

(4) 楽しめないし，やりたくない

④の場合は，まずは友人関係のしがらみを取り除くことが必要ですが，一方で周りの子への指導も欠かせません。「排除する雰囲気はいじめと同じ」であることを伝え，孤立している子に「一緒にやろう」「困っていることはある？」と声をかけてあげられる子を増やします。

2 3つの「あ」

行事への意欲を高めるためには，**安心できる環境・安定した友人関係・愛情あふれる言動**が欠かせません。つまり，意欲を高める一番の手立ては，温かい，まとまりある学級を作ることです。行事後に「みんなで取り組めて良かった」「負けちゃったけど楽しかったよ。ありがとう」などと笑顔で言い合えることがゴールだと子どもに伝えます。そこに向かって子どもと学級を作り，行事への意欲を高めることにつなげていきます。

(鈴木　綾)

第3章● 「学習規律・生活規律」 指導スキル16

3 校外での歩き方・並び方

高学年になると，校外での活動が増えてきます。宿泊学習や修学旅行などの泊を伴った活動に参加する場面も出てきます。そこで，大切になるのは，安全かつ周りの人に迷惑をかけない行動ができるかどうかということです。

必要な行動を身につける

校外学習で大切なことは安全に気を配ることです。そのためには，状況に応じた歩き方や素早い集合，公共マナーを守った行動ができることが必要です。

傾向と対策

1 約束を決める

校外での活動は，子どもたちの心が高揚します。友達とのおしゃべりに夢中になったり何かに興味を惹かれたりと，子どもたちの注意力は低くなりがちです。そこで，子どもたちとあらかじめ約束を決めておきます。遠足など列で移動している場合は，教師の声が届きにくいのでホイッスルを使用します。1回長く鳴ったら「止まれ」，2回短く鳴ったら「注意」，3回短く鳴ったら「急げ」などのように，笛の回数と意味を子どもたちと確認しておきます。こうすることで，子どもたちに今どのような行動が必要かを伝え

ることができます。

　また，人の多い公共の場では，ホイッスルを使用することは緊急の場合を除いて基本的にできません。「集合」「止まれ」「お話をします」などのハンドサインを決めて，その指示が通るように普段から練習をしておくことが必要になります。

2　素早く並ぶ

　素早く集合できることも校外学習では大切な要素です。子どもたちが並ぶのに時間がかかるのは，どこにどのように並べば良いかわからないときです。それをなくすために，集まる場所の指示を最初に行います。

　次に，ハンドサインを決めておきます。指2本なら2列，4本なら4列というようにします。こうすれば，大きな声で指示を出さなくても，子どもたちは素早く並ぶことができるようになります。

3　場に応じた行動

　遠足で歩いているときなら，歌を歌っても大きな声で笑っても大丈夫ですが，屋内の施設では，行く前にその場に応じたマナーを確認しておくことが必要です。何のために行くのか，そこはどのような場所なのか，何をしてはいけないのかを事前に子どもたちに伝えておきます。

　着いてから気になることを指導するのではなく，事前に歩き方，並び方，公共マナーを子どもたちと確かめておくことが大切です。

（髙橋　裕章）

第3章● 「学習規律・生活規律」 指導スキル16

4 校外での歩き方・並び方

ソフト編

　校外での歩き方・並び方の基本が身についたら，次は行動の質を高めていこうとする意識付けが大切になってきます。安全に配慮しつつ，自主性を身につける場として機能させていくことが目標になります。

安全かつ自主的に行動する

　校外で活動する際に，一番配慮しなければならないのは安全です。教師はそのことに常に気を配るのはもちろんですが，子どもたちに安全を意識した自主的な行動を促していくことも大切です。

傾向と対策

1 臨機応変に行動する

　歩道の幅が狭くなったり，人が混雑したりしているところを通らなければならないときがあります。そこで，子どもたちには，状況を考えて自主的に列の増減を行わなければならないことを知らせておきます。狭い歩道で向こうから歩行者が来たときに，1列に隊列を変更するなどがこのケースです。また，グループ別に見学するときは，小さくまとまって行動する必要が出てきます。横に広がらず，周りの状況を見て，並び方を1列や2列にと瞬時に隊列を変

える必要性があることを伝えておきます。それができるためには、グループのリーダー（あるいは先頭の子）が状況を見て声かけをするなど、子ども同士の働きかけが必要になります。掃除や給食当番のときに声をかけ合う練習をしておくとスムーズにできるようになります。校外では、このような公共マナーを踏まえた動きを自分たちで判断してできることが必要になります。

2 並び方を楽しむ

　全校朝会や避難訓練は別ですが、背の順で行動する必要がない場合は、並び方を子どもたちに考えてもらうようにします。例えば、遠足のとき、行きと帰りで前後を交代するようにしたり、生活グループで並んだりといくつかバリエーションを子どもたちに考えさせます。こうすれば教師の指示（道路の横断の仕方など）を正確に守って行動するという先頭の役割をいろいろな子に経験させることができます。また、子どもたちも列のいろいろな場所に並ぶことができ、歩くことを楽しめるようになります。

3 子どもだけで活動するときには

　泊を伴う活動では、子どもだけで自主的な研修をプログラムに組むことがあります。その際には、危険を回避する行動を意識させる必要があります。そのためには、事前にどのようなところを歩くのかの情報を与え、歩き方のルールを話し合いで決めておくことが必要です。

（髙橋　裕章）

第3章●「学習規律・生活規律」指導スキル16

5 整列の仕方・点呼の仕方

整列は集団行動の要です。授業などで他の場所へ移動するために廊下に整列するときには，素早い動きが求められます。その結果，他の友達のための大切な時間を作り出すことができたり，避難の際には命を守ることにつながったりするのです。

「素早く整える」を目指す

並び方の中で汎用的なものは「背の順（2列，3列）・出席番号順」でしょう。素早い整列を実現するために教師の意識的な繰り返し指導をしていきます。

傾向と対策

1 何も言わず整列させる

最初は整列の様子をじっくり観察します。課題がある整列としては「動きが鈍い」「友達と話しながら」「列になろうとしない」などの行為が見られる場合です。理想の整列状態とそうでない整列状態を教師がしっかりイメージしておくことで指導しやすくなります。

2 やり直しの分析

1回目の整列後，一度教室へ戻らせます。「なぜ教室に戻ったかわかりますか？」と問い，自分たちの整列の課題

第3章 「学習規律・生活規律」指導スキル16

を認識させます。「ダラダラした整列」は他人の時間，さらには命を奪うことにつながるということを教えます。

3 再度やってみる

２度目の整列は，いきなり全体でさせません。列の前グループだけ，右側の列だけ…というように，人数を分けて再試行させます。そこで「80点！さっきよりぐんと良くなっているね」など指導的評価を入れていき，短時間で全体の質の向上を目指します。

4 評価し，記録する

最後に全体で整列をします。目安を決めて素早く位置についているなどの小さな変化を見逃さず評価します。黒板の端に「整列18秒」と記録し，次の廊下整列の意識を高めます。

5 点呼の仕方を教える

学校外の整列（公共の場や避難訓練後）であれば，全員いるかどうかの確認が必要になります。これも素早くできるよう方法を教え，繰り返し訓練していきます。

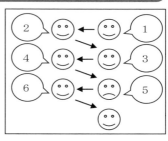

例えば２列に整列している場合を考えます。距離が近いと声も通りやすいので，図のように先頭からジグザグに番号を唱えていきます。「先頭・右から左へ」というルールであれば，背の順整列でも出席番号整列でも子どもたちは対応することができます。 　　　　　　　　　　　（中原　　茜）

第3章● 「学習規律・生活規律」 指導スキル16

6 整列の仕方・点呼の仕方

ソフト編

　素早い行動を実現するためには，「準備」や「予測」の力が必要です。高学年であれば，そこまで意識させていきたいものです。

準備と予測

　素早い動きのためには，素早い心の切り替えが土台になります。また，整列することのみに終始せず，整列前・整列後の行動をイメージし，考えさせる時間を作ることで，準備や予測を自分たちでできるようにします。

傾向と対策

1 整列前の理想イメージを考える

　特別教室への移動のための廊下整列を例に考えましょう。「素早く廊下に整列するためのコツは何だろう？」と問うと「勉強道具を前もって机の上に用意しておく」「道具をすぐ取り出せるように机の中を整理しておく」という考えが子どもたちから出されます。準備することで時間に余裕が生まれます。素早い行動に拍車がかかります。

第3章 「学習規律・生活規律」 指導スキル16

2 整列後の理想イメージを考える

「整列したら何をしていればいいか？」と問うと，体育であれば「準備体操をしておく」，廊下整列であれば「きちんと整列できているのを確認して移動する」などが子どもたちから出てくるでしょう。学校外の整列（公共の場や避難訓練後）であれば整列後「素早く点呼をとる」などが考えられます。

このように，次にどんな行動をするのか予測する力をつけます。子ども同士で考える場を設定することで「先生に言われたからやる」ではなく，自分たちの力で整列の仕方を良くしていこうという雰囲気を作ります。

3 通る声を日常から準備しておく

点呼は普段の教室移動の際に練習している時間がありません。整列指導の時間にゆとりがあるときや，朝の会の出席確認で点呼練習を確保します。点呼に関しては，避難訓練など緊急な場合，小さい声で返事されるともたもたしてしまい，無駄な時間を生んでしまいます。普段から「返事・挨拶」の指導を徹底し，点呼をとるときになっても，全体に通る声を出せるように「準備」をさせておきます。

（中原　茜）

第3章● 「学習規律・生活規律」 指導スキル16

公共マナーを教える

　校外学習においては，見聞を広め自然や文化等に親しむだけでなく，集団行動の在り方や公衆道徳についての望ましい体験を積むことが求められます。公共マナーは，その根幹です。

公共マナーは場面に応じて存在する

　場面によって，実に多くのものが存在します。①乗り物でのマナー，②公共施設でのマナー，③宿泊施設でのマナーです。それぞれの場面を具体的に思い描きながら，子どもと一緒に公共マナーを確認する事前指導が大切です。

傾向と対策

1 乗り物でのマナー

　貸し切りバスの場合は『運転手さんやガイドさんへの挨拶・シートベルトを必ずする・勝手に窓を開けない・換気のため開けた窓からは絶対に顔や手を出さない・バスが動いているときは絶対に立ち歩かない』等を確認します。

　公共のバスや電車を使う場合は，更に細やかな指導が必要です。『降りてくる人を待ってから乗り込む・立つ場合はつり革や手すりにつかまる・座るときは奥からつめて座る・大声で騒がない・通路を占領しない』を徹底させます。

2 公共施設でのマナー

(1) エスカレーター・エレベーターでのマナー

　駅や見学・宿泊施設で乗る機会があります。エスカレーターでは『手すりに必ずつかまる・前を向いて乗る・大きな荷物は自分の前の段に置く』が大切です。エレベーターでは『扉の真正面で待たない・降りる人を優先させる・先に乗った人がボタン操作をする・じっとしている・3階程度なら階段を使う（使用しない）』を確認します。

(2) 見学または鑑賞する際のマナー

　『施設の方への気持ちよい挨拶・しっかり聴く・観る・メモする・走らない・大きな声で会話しない』を徹底します。これまでの学年で学んできたことを活かします。

(3) 食事や買い物の際のマナー

　バイキングなどを使用する際は『静かに並ぶ・食器を鳴らさない・食べられる分だけ盛る』を確認します。また，買い物の際には『1か所に大人数で集まらない・大声を出さない』など他のお客さんの立場を考えて行動させます。

3 宿泊施設でのマナー

　仲間との宿泊に舞い上がり，羽目を外す子が見受けられます。『しっかり挨拶する・部屋をきれいに使う・履物は揃える・部屋や浴室，廊下でも絶対に騒がない・走らない・翌朝の布団やシーツを整える』等，多岐にわたる事項を一つ一つ丁寧に指導します。

（鹿野　哲子）

第3章●「学習規律・生活規律」指導スキル16

8 公共マナーを教える ソフト編

　先生に言われるから…ではなく子どもたちが自主的に気づき動けるように，事前指導及び現地指導します。また，マナーを守るためには時間を確認し見通しをもって行動することが何より大切です。急いだり慌てたりすると，マナーを守る余裕がなくなるからです。

何のためのマナーか

　マナーは，他者を気遣う3つの「こ」，「心・言葉・行動」があって成立します。思いやりの心・相手に届く言葉・目に見える行動が大切なことを押さえます。

傾向と対策

1 日常の場面で教える・考えさせる

　当然のことながら，行事前になってあれもこれもと教え込んだり伝えたりしても，子どもたちの身にはつきにくいものです。教室の中にも相手へのマナーが存在することに気づかせます。また，今までの学年で学んできたマナーについて，思い起こす場面を設定することも大切です。これまで以上に学校の看板を背負うことになる高学年としての自覚と心構えを，4月当初から整えていきます。

第3章 「学習規律・生活規律」指導スキル16

2 道徳授業で教える・考えさせる

道徳では，「マナー」「エチケット」などについて考える授業を行います。内容項目B［礼儀］，「時と場をわきまえて，礼儀正しく

真心をもって接すること。」についての学習です。副読本を活用したり駅のポスターやパンフレット・絵本などを素材にした自主教材を開発したりして，学び合います。上記のポスターを使った授業では，時と場を考えない行動は周りにどのような迷惑をかけるのかを話し合いました。また「本当にマナーは必要なのか」を子どもたちに投げかけ，思考をゆさぶることで考えを深めます。普段は何気なく通り過ぎてしまうことについて，気づき立ち止まり考える時間をもつことができる道徳授業を活用します。

3 その場で教える・考えさせる

そして何よりその場で正しく行動できるように指導することが大切です。例えば，乗り物に乗る際には各リーダーに「ここで必要なマナーがあったよね。思い出しながら行動しよう」と声をかけるよう伝えます。学習や行事のしおりにはマナーを明記し，活動の途中や休憩時間に〇×で自己評価できる欄を設けます。さらに，状況によっては臨機応変に動くことを学ぶ絶好の機会です。当日こそ先を見通して行動する意識を高め，先手先手で指導します。

（鹿野　哲子）

第3章●「学習規律・生活規律」 指導スキル16

グループのつくり方 ハード編

　高学年では，宿泊学習・修学旅行のような集団宿泊的行事や校外での見学学習などのため，教室の生活班・学習班とは別のグループを作る機会が低学年に比べて多くあります。グループのつくり方が，行事の取り組みの成否を握ることもあります。

教師主導でグループを作る

　行事のグループは，友達同士の協力や信頼の度合いを高め，日常の学校生活を充実させることをねらって編成します。教師は学年・学級を俯瞰して指導する立場から，子どもたち一人ひとりの学習しやすさに配慮してグループを作る役割を担います。

傾向と対策

1 課題別の学習グループ

　「総合的な学習の時間」の課題解決のための校外学習に行く場合は，子どもたちの立てた課題が同じ・近いものを集めた，4人以内のグループを編成します。課題の同じ子が多い場合は，4人グループを複数作ります。5人以上になると，話し合いの場面でお客さん状態になる子が出やすいからです。課題別のグループを作ることにより，課題解

第3章 「学習規律・生活規律」指導スキル16

決のヒントになる情報を，グループ内で共有しやすくなります。

2 教室のグループをそのまま使った学習グループ

社会科や理科の課題解決のための校外学習では，授業で立てた課題を解決します。そこで，教室と同じグループで活動します。グループのメンバーが校外学習で共通の体験をしてくるため，教室に戻ってからの振り返りやまとめの活動が円滑に進みます。

また調理を伴う行事でも，教室のグループで調理活動を行います。事前の相談をしやすくするためです。調理は男女が協力しやすい活動の一つですから，思春期入り口の高学年の子どもたちにとって，男女協力の貴重な機会となります。ただし，宿泊先の調理施設の規模によっては人数の調整が必要な場合があります。下見の時に検討します。

3 食事グループ

遠足や校外学習などにおいて，お弁当を食べたり遊んだりするためのグループです。教室と同じグループで行動することも，行事のためだけのグループを作る場合も考えられます。

お弁当を食べる場所の設備に応じて編成します。ベンチ等に座って食べる場合は，お弁当を広げるのに支障のない人数内に収めてグループを作ります。食べる場所や遊びの相談事をしやすいように，4人以内に収めることが望ましいのは，学習グループと同様です。

（斎藤　佳太）

第3章● 「学習規律・生活規律」 指導スキル16

グループのつくり方

行事に向けての取り組みでは，子どもたちの中から実行委員を募って準備・運営をすることがあります。学習グループは各教科等の学習と直結するため，教師主導で決めますが，お弁当を食べる，一緒に遊ぶなど，生活のためのグループは実行委員とともに編成する場合も考えられます。

グループづくりを委ねる

子どもたちは友人関係について教師よりよく知っていることが多いです。みんなが納得できるグループを作るため，子どもたちに委ねます。ただ，子どもたちにグループづくりを無条件に委ねると，どうしても「仲良しグループ」が出来上がってしまいます。行事は学習活動であることを踏まえ，あらかじめ条件を明示して考えさせます。

傾向と対策

1 実行委員を推薦で決める

学級内で話し合い，実行委員を選びます。実行委員は行事のリーダーやグループづくりを担うことになります。これらを任せられると思う子を推薦してもらい，子どもたちが納得できる子に委ねます。

2 条件を踏まえて作る

　実行委員の子どもたちには，グループ数や人数，リーダーになれる子を入れることを条件として示します。その上で，どのようなことを大切にしてグループを作るかを話し合います。

　友達と学校外で時と場を共にする行事は，友達のそれまで気づかなかった一面を見つける絶好の機会です。

・普段は違う組・グループの人同士
・会話しているところをあまり見かけない人同士
・遊びの好みの違う人同士

などのように，子どもたちは友人関係がより深まることを願います。これまでの友人関係についての情報をもとに，実行委員は願いを叶えられそうなグループを作ります。ただ，友人関係に不安をもつ子はあえて仲の良い子と一緒にする配慮が必要なケースなど，3つの願いすべてを満たせない場合もあります。グループを作り始めた頃や話し合いが行き詰まってしまったときは，教師も相談の輪に入って，一緒になって考えます。

3 みんなの了承を得る

　グループ案は学級全員が集まっている場で提案します。教師からは，実行委員が願いをもって作った案であることを最初に話します。集まった子どもたちも願いに基づいて検討し，よりよい案があれば発言します。たいてい，実行委員の案がそのまま了承されることが多いです。学級全体の了承を得られたら，晴れて決定です。　　　（斎藤　佳太）

第3章● 「学習規律・生活規律」 指導スキル16

係の決め方

高学年の旅行・集団宿泊的行事は一大イベントで，多くの子が楽しみにしている行事の一つです。自分たちの手で活動を進めていく自主性や協調性を養うために，係活動を取り入れていきます。

ねらいをはっきりさせる

学年や教職員の中で，今回の行事を通して「育てたい子どもの姿」や「活動のねらい」をしっかり押さえます。そして，企画・準備・実行を子どもたちの力で作り上げることができる手立てを考えます。

傾向と対策

1 子どもたちにねらいを伝える

行事のねらいを学年で共有するために，最初に学年集会を開きます。その中で，ねらいだけではなく，行事を通してつけてほしい力も伝え，子どもたちと共有することで，係を決めていく指針が子どもたちの中にできあがります。

2 ねらいに即した係の提案をする

子どもたちが，それぞれの係に均等に仕事があたるように係分担をします。このとき，ねらいを説明し，自分たちで作り上げる行事であることを再認識させます。例えば，

修学旅行であれば，下記のような係が考えられます。

> 企画係～全体の調整役・式の司会進行・テーマの作成
> レク係～バスレク・学年でのレクを考える
> 学習係～しおりづくり・それぞれの見学場所を調べる
> 生活係～生活全般のルールづくり・持ち物について

3 男女混合が条件であることを伝える

　高学年になると，男女を意識するようになります。これは，「思春期」に入った子どもたちにとっては，当然の行動です。しかし，学習する上では，やはり男女が協力して活動し，それぞれの良いところを認め合う心を育てていきたいので，男女混合が条件であることを伝えます。

4 自分が興味関心のある係を選ぶ

　係を決めるときは，自分が興味・関心のある係を選ぶように伝えます。もし，重なってしまった場合は，どうするかも話し合っておきます。

　①**話し合いで決める**：これは，譲る，譲られる関係を作るので，友好的な学級には良いが子どもたち同士に力関係がある場合は相応しくありません。

　②**ジャンケンで決める**：ジャンケンは，簡単に決めることができるが，そればかりでは，子どもたち同士の話し合う力が育たないので，徐々に話し合いで決められるようにしていくと良いです。他にも，くじ引き等の方法もありますが，その学級に合った決め方を話し合いによって決めておく必要があります。

　　　　　　　　　　　　　　　　　　　（近藤　真司）

第3章 ●「学習規律・生活規律」指導スキル16

係の決め方

ソフト編

　高学年になって，様々な人間関係ができつつある中，子どもたちは，「何をするか」よりも「誰とするか」が大きな関心事となってきます。この係を決める活動の中で，トラブルやもめ事を経験し，それを乗り越えることで相手の気持ちがわかるようになり，成長することができるチャンスでもあります。しかし，トラブルばかりだと子どもたちのやる気も下がってしまうので，計画的に進めていく必要があります。

トラブルを想定しておく

　大抵のトラブルは，十分な話し合いを行わずに決めてしまい，後から様々な問題が起こります。そこで，事前にトラブルを想定しておくことが大切です。

傾向と対策

1 同じ係に固まってしまったときの対応

　係を決める段階で，同じ係にたくさんの子どもが集中してしまう可能性もあるので，そうなったときにどうするかを話し合っておく必要があります。重なってしまった場合，話し合いによって譲ったり，譲られたりすることができれば良いですが，人間関係が優先されてしまうときは，ジャ

ンケンやくじ引きで決めると良いです。

できるだけ、全員が同じ条件で活動できるようにします。

2 決まったことも後から文句を言う子への対応

この場合は、大抵決めるときのやり方の押さえが甘い場合が多いです。「聞いてなかった」とか「知らなかった」などです。これは、決まったことは、すべて黒板に残しておくことで解消されます。一つ一つ確認しながら、全員で決めていくという指導も必要です。

3 好きなもの同士で決めようとしたときの対応

高学年になると、何か物事を決めるときに「好きなもの同士」で決めようとすることがあります。この「好きなもの同士」とはどういうことなのか、子どもたちに話し合わせることが必要です。あくまでも学習なので、学習のねらいや何のためにやっているかを考えさせ、決め方を考えさせます。子どもたちが考える「好きなもの同士」とは、一部の子どもたちにとって利益がある決め方になってしまう場合が多くなります。人数の制約や目的がある場合、好きなものではなく、その活動をやりたいという意志があるもの同士が集まり、学習を進めていけるようにすることが大切です。

（近藤　真司）

第3章●「学習規律・生活規律」指導スキル16

13 バス・列車の座席を決める

泊を伴う学校行事や，校外学習などでバスや列車を利用するときがあります。「どのように利用するか」というマナーの指導も大切ですが，「どのように座るか」ということも，学校行事や校外学習を円滑に進めていくためには大切なことです。

座席を決める観点をもつ

例えば乗車してから座席を決めていると，出発に時間がかかってしまうことは言うまでもありません。また，体調面で配慮が必要な場合もあります。座席は，いくつかの観点をもって，事前に決めておく必要があります。

傾向と対策

1 酔いやすい子

座席を決めるときに最優先しなければならないことは体調面での配慮です。その中でも，酔いやすい子の座席を決めていきます。子どもたちが酔ってしまう原因はいくつかあります。例えば，エンジンの臭いや車体の揺れなどです。その日の体調の影響による場合もあります。しかし，いずれにしても，あらかじめ酔いやすい子を聞いておき，前の方の座席に決めておきます。前の方に座ることで，体調が

悪くなったときに，教員がすぐに対応できるためです。

　前の方に，空席も必ず数席用意しておきます。当日に（酔いも含めて）体調を崩した子を座らせるためです。

　また，2人で座るときは，酔いやすい子が窓側に座るようにし（酔い始めのとき，風景を見たり，窓を少し開けて風を入れたりすることで，酔いが治まることがあります），列車であれば，進行方向と反対方向に座ると酔いやすい子もいるので，配慮して座席を決めます。

2 役割のある子

　車内レクがある場合は，司会や，説明する役割のある子の座席も，あらかじめ前の方に決めておきます。全体に指示を出したり説明したりするためには，レクを担当する子に限らず，車内の前の方で立つ必要があるからです。また，役割のある子が前の方へ行くために，車内を立ち歩いて座席を移動することは，安全上避ける必要もあります。

3 学級の「実態」と担任の「願い」

　前の座席が決まると，学級の「実態」と担任の「願い」をもとにして，それ以外の座席を決めます。特定の子たちが近くに座っていると，騒いでしまい，大事なときに指示が通らないという「実態」があれば，配慮して座席を決定します。男女関係なく仲良くなって欲しいという「願い」があれば，男女で座るようにします。「実態」や「願い」とは別に，例えば，車内でグループの打ち合わせをするのであれば，グループごとに座席を決めます。

（大野　睦仁）

第3章●「学習規律・生活規律」 指導スキル16

14 バス・列車の座席を決める

ソフト編

　泊を伴う学校行事や，校外学習などでバスや列車を利用することは，手段であり，目的ではありません。しかし，子どもたちは，友達と過ごすバスや列車の時間を楽しみにしています。そのため，教室の席替えと同じように，バスや列車での座席も大きな関心をもっています。

「ワクワク感」と「納得」を大切にする

　バスや列車の座席を決めるときに最も大切なことは，配慮がある座席を事前に決めておくことです。先生が一方的に決めることではありません。子どもたちの実態や思いに合わせて，様々な座席の決め方をすることで，子どもたちの「ワクワク感」に応えたり，「納得」を得たりします。

傾向と対策

1 くじで決める

　体調面で配慮が必要な子や，役割のある子以外の座席に，右の図のような番号を割り振りします。子どもたちが番号の書かれたカードを引き，

酔	役		空	酔
1	2		3	4
5	6		7	8
9	10		11	12

自分の座席をくじで決めるという方法があります。

　くじを自分で引くので，「ワクワク感」も生まれますし，

「納得」もします。男女で座って欲しいという願いがあれば、それを子どもたちに伝えた上で、奇数の番号を男子が引き、偶数の番号を女子が引くようにします。一緒に座る相手が決まった後は、酔いやすい方が窓側に座るなど、それぞれで相談して決めても良いとすることもできます。

2 担当者で決める

泊を伴う学校行事であれば、係活動の中に、バスや列車の座席決めを位置付けることができます。校外学習であれば、校外学習プロジェクトのようなものを立ち上げて、同じように、その活動の中にバスや列車の座席決めを位置付けることができます。担当者で座席を決め、提案をして了承を得るという形です。担当者は、自分の役割としての責任感があるので、様々なことを考慮して座席を決めます。担当者以外の子たちも、仲間からの提案なので、「納得」して座席を決めていくことができます。

3 選択した理由と、大切にしたいことを伝える

「先生が決める」「くじで決める」「担当者で決める」どの方法で座席を決めるにしろ、その方法を選択した理由と、決めるときに大切にしたいことをしっかり伝えます。その上で、子どもたちからの意見も聞き、取り入れられることは取り入れていきます。例えば、「行きと帰りで座席を替えよう」というようなアイデアも出てきます。そうすることで、さらに「ワクワク感」に応えることができ、子どもたちの「納得」も得ることができます。

（大野　睦仁）

第3章● 「学習規律・生活規律」 指導スキル16

15 部屋割りを決める ハード編

　宿泊的行事は小学校生活の中でもそう多くあることではなく，子どもたちにとってはとても楽しみなものです。中でも部屋割りは子どもたちには重要なことです。スムーズに決められないと，子どもの心に傷を残し，その後の子ども同士の関係に影響を与えてしまうこともあります。

人間関係が露わになってしまう

　部屋割りの決め方によっては，人間関係がこんな状況で露わになります。
- ・元々孤立気味の子の部屋がいつまでも決まらない
- ・「仲の良い４人組が３人部屋に入るので１人だけ抜けなければならない」というような場面で，立場の弱い子が抜けさせられる

傾向と対策

1　宿泊的行事のねらいを早めに理解させておく

　宿泊的行事での子どもたちの関心事は，「仲のいい子と同じ部屋（グループ）になれるか」です。思い通りにするために，前もって根回しをする子もいます。担任が行事の話をする前にトラブルが起こることもあるのです。早めに子どもたちに様々な話をしておくようにします。

第3章 「学習規律・生活規律」 指導スキル16

まず子どもたちに伝えておきたいのは，行事のねらいです。宿泊行事は，望ましい集団生活について考え実践する場であり，様々な子と協力して活動することが大事で，それは部屋割りについても同じであることを理解させます。

２ 部屋割りの決め方を十分に理解させておく

具体的な決め方を決定する前に，子どもたちの声を聞いておきます。ねらいや実態によって，決め方を変えます。

決定後に不満が残ると，教師の見えないところでトラブルが起こることにもなりかねないので，どうしてその方法で決めるのか，意図を十分話しておきます。

①すべて教師主導で決める

新たな人間関係を築かせたい，不安感が強いので仲の良い子同士を同じ部屋にしたい，などの教師のねらいが最も反映させられますが，子どもたちが受け身になったり反発をしたりする危険性もあります。

②部屋リーダーを決めてから残りのメンバーを決める

リーダー決めまでは子どもの話し合いに委ね，その先は教師主導にも子どもの話し合いにもできます。

③自由に２人組を作らせ，その組み合わせはくじで決める

１人は仲のいい子がいるので，子どもたちの不安感も解消され，新しい人間関係の構築にも前向きになれる決め方です。４人部屋などで使える方法です。

その他にも，「すべてくじで決める」「すべて話し合いで決める」という方法もあります。

（横田　陽子）

第3章●「学習規律・生活規律」 指導スキル16

部屋割りを決める

　行事のねらいを考えると，仲良しに拘らないで部屋割りを決められる姿を期待したくなります。しかし，宿泊は多分に私的な部分を見せ合う場でもあります。ねらいに迫る行事にするためにも，不安感をもつ子への配慮が必要です。

不安に思うポイント

本人だけでなく保護者の不安感にも気を配ります。
・身体的要素（いびき，寝相の悪さ，夜尿症など）
・人間関係（部屋で楽しめなかったらどうしよう，など）

傾向と対策

1 保護者向けの事前調査を行う

　あらかじめ，保護者に「事前調査票」を配布します。体調面はもちろん，それ以外の不安感についても記入できるようにしておきます。また，「不安な点はどんな小さなことでもお知らせください」という一言を添えておきます。
　その後，必要に応じて保護者と連絡をとり，具体的な対応を打ち合わせておきます。特に，夜起こしに行くなどの対応が必要な場合は，同じ部屋で過ごすメンバーを誰にするか，部屋の位置はどこにするか，なども考えます。状況

によってはあえて仲の良い子と組み合わせたり，部屋を引率者の近くにしたりします。

また，保護者から本人に「先生がわかっているから大丈夫だよ」と話をしておいてもらい，担任からも「こうすることにしようね」と本人と話をしておきます。

2 児童向けの事前調査を行う

部屋割りの決め方を決定する前に，子どもたちの声を聞き取るための手立てをとります。記入用紙を配り，「楽しみなこと」「心配なこと」などを記入させます。

また，必要に応じて個別に話をし，不安な気持ちをできるだけ聞いておきます。それを参考にして，部屋決めの方法を決定します。

2 部屋決めの場面を事前にシミュレーションしておく

実際に部屋割りを決めるときには，事前指導があってもうまくグループに入れない子もいます。また，「入れてあげる」という言葉ひとつで自分の立場の弱さを感じてしまう子もいます。

前もってロールプレイなどをしながら，どんな態度や言葉が相手を安心させるのか，逆に不安にさせるのかを考える時間をとります。「決めるまで」「決めるとき」「決まってから」と3つの時間の区切りそれぞれに着目させ，具体的にどんな不安があるのかをイメージしてから，望ましい態度について考えさせます。

このような活動は，部屋決めだけでなく，集団活動全体にも良い影響を与えるものになります。　　　（横田　陽子）

あ と が き

「子どもと向き合う」という言葉があります。

　私自身も，生活指導をするときには，この言葉がいつも頭をよぎります。生活指導は，マニュアル的に行うことが難しいからです。

　例えば，教室で問題行動が見られるとき，当然ながらその行動が起きてしまう理由も，私たちがとるべき対応も，子どもによって違います。一人ひとりの子どもたちと向き合い，それぞれの思いや背景に，寄り添いながら指導していく必要があります。

　しかし，このような状況があるとしても，生活指導に関するスキルを何とかまとめることができないかと考えました。複雑化した生活指導に直面し，戸惑っている先生方（執筆した私たち自身も含めて）の一助となりたい。そんな思いで作り上げられたのが本書です。

　「子どもと向き合う」ことが前提である生活指導において，スキルを抽出し，整理をすることは簡単な作業ではありませんでした。それでも，執筆された先生方がこれまでの自分の経験と，まさに「向き合う」ことで，多くの教室で生かすことのできるスキルをまとめることができたと思っています。

　そして，本書には，1つの生活指導場面におけるスキルを「ハード編」と「ソフト編」に分けて，整理しているという特色があります。もちろんその向き合い方が「ハード

あとがき

編」と「ソフト編」の2つにまとめられるということではありません。

　「子どもと向き合う」ことを大切にすればするほど，向き合い方は多様になりますが，この2つのスキルは，間違いなく多様な向き合い方のベースになります。そして，2つのスキルを知ることで，その子に合った向き合い方のヒントが必ず見えてくるはずです。

　今回，堀裕嗣先生から本書を編集する機会をいただきました。有難いことに，いつも近くで，堀裕嗣先生の視野の広さ，深さから学ばせてもらっています。本書の編集が少しでもその恩返しになればと思っています。

　それから，原稿を共に作り上げてきた北海道の大切な仲間には感謝の気持ちでいっぱいです。生活指導の原稿であるが故に，それぞれの先生たちの子どもたちとの向き合い方が見えてきました。本当に貴重な経験となりました。

　また本書を発刊するにあたって，今回も明治図書の及川誠さんにお世話になりました。ありがとうございました。

　生活指導は，「子どもと向き合う」ことが基本です。

　その解決に向けて，本書が少しでも役に立ち，「子どもと向き合う」ための窓口になることを心から信じ，願っています。

　　　BUMP OF CHICKEN「リボン」を聞きながら

　　　　　　　　　　　2017年5月5日　大野　睦仁

【執筆者一覧】

堀	裕嗣	北海道札幌市立幌東中学校
大野	睦仁	北海道札幌市立三里塚小学校
西村	弦	北海道音更町立下音更小学校
齋藤	知尋	北海道旭川市立愛宕東小学校
山口	淳一	北海道札幌市立石山南小学校
鹿野	哲子	北海道長沼町立南長沼小学校
宇野	弘恵	北海道旭川市立啓明小学校
山本	和彦	北海道北広島市立大曲小学校
近藤	真司	北海道恵庭市立恵み野旭小学校
木下	尊徳	北海道音更町立音更小学校
斎藤	佳太	北海道苫小牧市立美園小学校
横田	陽子	北海道幕別町立白人小学校
高橋	正一	北海道利尻町立沓形小学校
中原	茜	北海道二海郡八雲町立東野小学校
髙橋	裕章	北海道札幌市立簾舞小学校
藤原	友和	北海道函館市立万年橋小学校
三浦	将大	北海道函館市立高盛小学校
鈴木	綾	北海道函館市立神山小学校

【編著者紹介】

堀　裕嗣（ほり　ひろつぐ）

1966年北海道湧別町生。北海道教育大学札幌校・岩見沢校修士課程国語教育専修修了。1991年札幌市中学校教員として採用。1992年「研究集団ことのは」設立。『スペシャリスト直伝！教師力アップ成功の極意』『【資料増補版】必ず成功する「学級開き」魔法の90日間システム』（以上，明治図書）など著書・編著多数。

大野　睦仁（おおの　むつひと）

1966年北海道札幌市生まれ。北海道教育大学岩見沢校卒業。「死」も扱う「いのちの授業」や，学習者主体の教室づくりを模索中。2004年より「教師力BRUSH-UPセミナー」事務局。『「結びつき」の強いクラスをつくる50のアイデア』（ナツメ社）『THE 保護者対応～小学校編～』『THE 学級経営』『クラスを育てるいいお話』（以上，明治図書）など著書・編著・共著多数。

イラスト：木村　美穂

小学校高学年　生活指導すきまスキル72

2017年9月初版第1刷刊　Ⓒ編著者　堀　　裕嗣
　　　　　　　　　　　　　　　　大野　睦仁
　　　　　　　　　　　発行者　藤原　光政
　　　　　　　　　　　発行所　明治図書出版株式会社
　　　　　　　　　　　　　　　http://www.meijitosho.co.jp
　　　　　　　　　　　（企画）及川　誠（校正）姉川直保子
〒114-0023　東京都北区滝野川7-46-1
振替00160-5-151318　電話03(5907)6704
　　　　　　　　　　　ご注文窓口　電話03(5907)6668

＊検印省略　　　　　組版所　株式会社アイデスク

本書の無断コピーは，著作権・出版権にふれます。ご注意ください。

Printed in Japan　　　　ISBN978-4-18-280513-4
もれなくクーポンがもらえる！読者アンケートはこちらから →

いつでも・だれでも・どこでも 楽しく気軽に出来る 授業づくりのヒント **NIE**

土屋武志 監修　碧南市立西端小学校 著

『社会を見る目』や情報リテラシーを鍛える！NIE授業

「教育に新聞を！」これからの子ども主体の学びを支えるものとして、新聞は格好の教材です。新聞比較によるリテラシー向上や、社会を見る目、「見方・考え方」を育てる取り組みなど、NIE授業づくりの基礎基本と情報活用能力を高める授業モデルを豊富に紹介しました。

B5判 96頁
本体 1,460円＋税
図書番号 0957

よくわかる学校現場の 教育心理学
AL時代を切り拓く10講

堀　裕嗣 著

AL時代を切り拓く教師の生き方とは？世界を広げる10講

主体的・対話的で深い学び、いわゆるアクティブ・ラーニングが導入されるなど、激変する教育現場。AL時代を生き抜くには、教師は何をすべきなのか？「行動主義」と「認知主義」の学習理論、動機付け、メタ認知の視点から考える"AL時代を切り拓く"10の提案です。

四六判 144頁
本体 1,560円＋税
図書番号 0989

THE教師力ハンドブック
特別支援学級の子どものための キャリア教育入門　基礎基本編／実践編

西川　純・深山智美 著

子どもの生涯の幸せを保障するために出来ることがある！

「特別な支援を必要とする子どもの一生涯の幸せを保障するために、学校が出来ることは？」保護者や施設、就職支援の方への実地アンケートをもとに、「学校卒業後を視野に入れた教育」「就労の仕組み」「今、卒業後の幸せのためにできる準備」とはどのようなものなのかを解き明かす、問題提起と提案の書。

基礎基本編
四六判 128頁 本体 1,500円＋税
図書番号 2261

実践編
四六判 144頁 本体 1,600円＋税
図書番号 1390

学級経営 70 すきまスキル
低学年／高学年／中学校

堀　裕嗣 他編著

ハードとソフトで学級のつまずきを解消！微細スキル70

学級経営のつまずきは、実は遅刻した子への対応や日常の給食指導等における細かなズレの積み重ねが原因です。本書ではおさえておきたい学級経営のスキルを70の項目に分けて、「ハード編」として指導技術を、「ソフト編」として子どもに寄り添い支援する技術を紹介しました。

四六判 160頁
本体 1,800円＋税
図書番号 2751, 2753, 2754

明治図書　携帯・スマートフォンからは **明治図書ONLINE へ**　書籍の検索、注文ができます。▶▶▶

http://www.meijitosho.co.jp　＊併記4桁の図書番号（英数字）でHP、携帯での検索・注文が簡単に行えます。

〒114－0023　東京都北区滝野川7－46－1　ご注文窓口　TEL 03－5907－6668　FAX 050－3156－2790